文化と
まちづくり
叢書

町屋・古民家再生の経済学

なぜこの土地に
多くの人々が訪ねてくるのか

水曜社

[執筆者]

山崎茂雄（福井県立大学経済学部教授）……………編者、序章、第1、2、6、7章、終章
野村康則（安田女子大学現代ビジネス学科教授）……………第3章
安嶋是晴（金沢大学人間社会研究域経済学経営学系助教）……………第4章
浅沼美忠（福井県立大学経済学部准教授）……………第5章

目次

| 序章 | なぜいま創造的再生が必要なのか ……………………… 5 |

| 第1章 | 職人・芸術家の移住と農村の再生
──大分県竹田市を事例に ……………………………… 11 |

| 第2章 | 創造農村と古民家再生
──兵庫県篠山市を事例に ……………………………… 29 |

| 第3章 | 古民家再生・まち並み保存の取り組み
──広島県呉市を事例に …………………………………… 47 |

| 第4章 | 公民協働による金澤町家の継承・活用事業
──石川県金沢市を事例に ……………………………… 65 |

| 第5章 | 歴史的町並みの再生から観光への展開
──埼玉県川越市を事例に ……………………………… 87 |

| 第6章 | 古民家再生とワーク・イン・レジデンス
──徳島県神山町を事例に ……………………………… 107 |

| 第7章 | 公民協働による古民家再生事業の産業実験
──福井県永平寺町での試みを事例に ………………… 121 |

| 終章 | 町屋・古民家の創造的再生に向けて ………………… 135 |

あとがき ……………… 139
筆者紹介 ……………… 140
索引 ………………… 141

序章

なぜいま創造的再生が必要なのか

1. 本書のねらい

　いま、グローバル時代の成長産業として、観光産業や文化産業が衆目を集めている。

　都市や地域に魅力に満ちた観光産業、文化産業が育ち、それらの産業は人々を惹き寄せ、新奇の消費需要や交流人口を生む。交流人口の増大は、とりわけ人口減少で悩み、委縮しがちな地方の需要を喚起する。こうした循環に目を向け、文化や観光は地域の経済に大きなインパクトを与えることが期待され始めた。

　それでは、交流人口を拡大させるためには何が必要か。それは、戦略的に国内の訪問客のみならず外国人観光客を呼び込むことが大事で、その方策として都市や地域の「創造的再生」を目指すべきという議論がある。

　この創造的再生を基礎とする都市論、地域論は、すでに1990年代から世界的に注目されてきた。90年代以降の研究史を振り返れば、ピーター・ホールの創造的ミリュー（Hall, P., *Cities in Civilization : Culture, Innovation, and Urban Order,* Weidenfeld&Nicolson, 1998）、チャールズ・ランドリーの創造都市論（Landry, C., *The Creative City* : A Toolkit for Urban Innovators, London, Comdedia, 2000）、リチャード・フロリダのクリエイティブ都市論（Florida, R., *The Rise of the Creative Class, and how it's Transforming Work, Leisure, Community and Everyday life*, Basic book, 2002. Florida, R. *Cities and the Creative Class,* Routledge, New York, 2005）などが著名である。

　アメリカの文化経済学者、アン・マークセンも最近注目されているひとりである（Markusen, A., *Urban development and the politics of a creative class,* evidence from a study of artists, Environment and Planning A, volume38, pp. 1921-1940, 2006. Markusen, A. and Greg Schrock, *Consumption-Driven Regional Development*, Urban Geography, vol. 30, no. 4, pp. 1-24, 2009）。

　その創造都市論においては、大都市を中心に、企業家精神と文化産業（出版、映像、実演芸術、レコード、映画、テレビ制作、ファッション、玩具、ゲームなど）が雇用や所得、新商品やサービスのスピン・オフ、ビ

ジネスや熟練労働者の結合をもたらし、ここにおける創造の場づくりと経済発展がアメリカの都市の未来を拓くと指摘されている。

また、小都市においては、伝統文化、景観がダウンタウンの再生をもたらすアート・フェスティバルなどを通じて「観光客」を呼び込み、ミュージアムや音楽ホールなどの大規模な文化施設の整備・普及がこれによって強化される。

これらは、日本の創造都市にもみられる傾向であるが、日本の場合は、アメリカと明らかに異なる事情がある。

第一に、地理的伝統として、都市では木造の古い民家が密集し、しかも今日民家の7軒に1軒が空き家と化している。他方、農村には、零細な土地所有が分散し、大規模農業ではなく、労働集約型産業としての農業が支配的である。

第二に、各地の固有の自然および固有の文化的伝統・習慣が継承され、文化的多様性が各地に分布し、それゆえ画一的な都市化が回避されてきた。

第三に、1990年代から各地で整備されてきた大規模な文化施設は、その維持管理費用がやがて膨大となり、今では自治体財政の深刻なイシューとなりつつある。

こうした地理的伝統や日本の特性を視野に入れた観光戦略をいかに構築していくか、また空き家や産業遺産など未活用資源の活用をどのように観光や地域再生につなげていくべきか、これらは今日的課題といわなければならない。

日本では、2008年には、「観光圏の整備に関する観光旅客の来訪および滞在の促進に関する法律」が施行された。この法律は、国内観光旅行の連泊、滞在化を促進するエリアの形成をめざし、国際競争力を持つ観光地の形成を目的とする。その連泊、滞在化を可能にする宿泊施設として、民家が注目されつつあるが、民家ツーリズムにおける観光素材を考えた場合、民家だけにとどまらず、その暮らし、その周辺集落、そして、その環境を形成してきた地域の歴史・文化・産業が大きな意味を持つ。

そこで、本書は、こうした問題意識を踏まえ、古民家の再生と地域の歴史・文化・産業を視野に入れた文化観光論を論じる。スロスビー

(Throsby, D. *The Economics of Cultual Policy*, Cambridge Univ. Press, 2010, pp. 174-176) に従えば、文化観光（Cultural Tourism）には、文化フェスティバルや特別な文化地区を訪れることといった、特定の目的での訪問（個人であるか団体であるかを問わず）、あるいはオペラや文学ゆかりの場所、地元のコミュニティ、遺跡、ギャラリーなど文化的なテーマで訪ねる長期の旅も含まれている。空き家という未活用資源と文化観光とを結合させた点に本書の独自性がある。具体的には、まず、古民家活用をベースとした観光誘致で成果をあげている都市や地域の実例からエッセンスを抽出する。そのうえで、あるべき文化観光政策の方向性を展望したい。

2．本書の構成

本書の構成を示そう。

序章では、本書執筆の目的と理論的枠組みを提示する。

第1章でとりあげる大分県竹田市は、古民家を活用した地域再生モデルが注目されている。同市は、定住人口、交流人口とも増加の傾向を持つが、その魅力はどこにあるのかを考察する。

第2章においては、兵庫県篠山市の非営利法人が実践する古民家再生を扱う。この農村地域の再生運動は、創造農村として全国的に脚光を浴びるが、古民家を改修した宿泊施設が国内外のビジターで埋め尽くすほどの人気を集めるのはなぜか。またここでの課題は何か。このことについて、この章で示すことにしたい。

広島県呉市を事例に取り上げたのが、第3章である。周知のとおり、呉市は、長らく造船と軍港のまちのイメージを抱えてきた。しかし、現在はミュージアムが観光客を呼び寄せ、一方、映画やドラマのロケ地としても名を知られるようになってきた。そうした文化の雰囲気を形成しているのは、古い商家や古民家の保存運動にほかならない。本章では、広島有数の観光都市に成長した呉の町並み保存の現況が紹介される。

第4章では、金沢市の町家保存の取り組みを掲げる。創造都市として多くの観光客でにぎわう金沢であるが、その都市の魅力の源泉は公民協働に

よる町家保存・古民家再生にある。そして、それはいま、創造活動と有機的に結合しクリエイティブツーリズムとして脚光を浴びている。この章は、まだ十分に知られていない金沢の保存運動の動向と交流人口増加に向けた取り組みについて学際的な視座から接近する。

　第5章は、埼玉県川越市にスポットをあてる。首都圏でいえば、川越は今や、鎌倉と肩を並べる大観光地の地位を占めるに至った。商店街を中心とした歴史的町並みの保存・再生の取り組みが結果として観光へと発展していった要因について需要と供給の両面から考察し、その本質に迫る。

　未活用資源を活用しつつ交流人口・定住人口の増加を視野に入れた場合、何が必要であるか。そしていかなる方向性が展望できるか。これらの解は、徳島県神山町にある。その手法とは何かをとらえたのが第6章である。

　神山モデルが発端となった再生手法、ワーク・イン・レジデンスは、一般化しうるのであろうか。この点を社会実験から明らかにしようとしたのが第7章である。

　本書の執筆にあたっては、数えきれない方々から多くのご支援や激励をいただいた。本書執筆のきっかけはといえば、執筆の4名の研究者が2012年度―2013年度福井県大学連携リーグ研究推進事業に基づく共同研究『古民家活用・空き家再生事業の研究』を開始したことにさかのぼる。4名は共同で各地を訪問し、フィールドワークをしながら多くのことを学ばせていただいた。訪問した当地で古民家再生・町屋再生のあるべき姿を議論したことは懐かしい。

　その研究の過程では、とりわけ、北陸地域づくり協会、福井県大学・私学振興課および福井県立大学から格別の研究助成をいただいた。

　ここに記して、関係各位に心よりお礼を申し上げたい。

　　　執筆者を代表して

　　　　　　　　　　　　　　　　　　　　　　　　　　　　山崎　茂雄

第1章

職人・芸術家の移住と農村の再生
大分県竹田市を事例に

1．問題の所在

　日本の農村は疲弊し、一部を除き都市も衰退を余儀なくされている。いまや、地域再生、都市再生は日本が直面する大きな課題である。

　アン・マークセンは、アメリカの都市・地域再生の方向性について詳細な研究をした。それによれば、大都市については、企業家精神および文化産業が重要であると指摘されている。その文化産業は、出版、映像コンテンツ産業、実演芸術、ファッション、放送メディア、ゲームなどで構成されるが、雇用と所得、新商品開発やサービスのスピンオフをもたらし、またビジネスと熟練労働者とを結合させるとされる。そして、そうした創造の場づくりと経済発展こそが、アメリカの都市の未来を拓くと述べられている。

　一方、マークセンは、小都市においては、伝統文化や景観のほか、ダウンタウンの再生をもたらすアートフェスティバルなどが人々の観光行動を刺激し、また大規模な文化施設のネットワークがこれらにより維持・強化されると主張している。この点、日本の地方の小都市ないし農村地域において、彼女のいう創造の場づくりと文化産業がその再生に貢献するのであろうか。

　この点、とくに農村部における創造の場づくりや文化産業に関する日本の最近の研究は乏しい。そこで、筆者が現地調査を行った、地方の小都市、大分県竹田市をケースとして考察してみたい。

2．都市と農村の関係

　マークセンは、アメリカの地域再生（ミネソタ州の小さな町、カリフォルニア州のベイエリアなどが対象）を詳細に分析した。

　彼女は、地方・地域レベルの経済発展を考えるにあたっては、以下の視点に注目する必要があることを示唆した。

　それによると、非営利の芸術文化セクターの存在とそれによる投資が重要で、これらは、経済発展を導く特別善き理解者（アドボカシー）になる。というのも、それは、その組織の特徴ゆえであり、また芸術団体固有の

(intrinsic) 貢献は大きな影響力を持つからである。その場合、地域経済開発の開発者および芸術家、そして芸術を理解し、支えていく組織の存在が必要とされる。

あるタイプの基本的消費活動における投資は、新たな雇用と所得を生み出す可能性を持つからである。①地域的な財やサービスを生み出すことで得る自由な収入が消費される機会があり、②技術革新の種がまかれ、それがやがて市場の拡大をもたらす、③他の地域よりもその地域でより支出される団体や職業を育てていく、起業家、企業、従業員たちをその地域に惹きつけると同時に踏みとどまらせる、ということが重要であると説かれる (Markusen, A. [2013])。

マークセンは、創造的な場づくりをもたらす文化的投資の重要性を指摘する。

彼女の基本的方向性に対し、池上惇博士は、疑問を呈する。

すなわち、彼女の洞察は日本の創造都市にもみられる傾向であるが、日本の場合には、アメリカと異なる事情があると指摘される。以下引用する。

> 一つは、日本の地理的伝統として、地震が多発し、地盤の隆起や断層が入り乱れていて、山岳が深く、河川が急流で、すぐに海にそそぐ。このために、耕地は山岳に広がり、森林が多く、農村には、零細な土地所有が分散し、大規模農業ではなく、職人型産業としての農業が支配的である。
> 二つは、各地に固有の自然と、固有の文化的伝統、習慣が継承され、文化的多様性が各地にあり、画一的な都市化が防止されてきた。
> ここにおける創造的な場づくりは、知識や文化産業が集積する都市との交流、とくに電波、ネット、交通システムなどの媒介、商業の媒介なくしては不可能である。
> 他方、都市もまた、分散的で、多様性のある農村地域を念頭に置いた商品やサービスの開発、金融システムなどがなければ、発展することができない。
> いわゆるグローバリゼーションが進展した、リーマンショックまで

の日本経済は、これらの地域を無視して、海外に市場を求める傾向があった。農村人口は激減し、都市の職人産業は廃業に追い込まれ、職人は中国や韓国に転職し、優秀な技術の開発に貢献して、彼らの技術力は、日本の大企業を破産のふちに追い込んでいる。

　農村においても、都市においても、職人技を再評価し、かれらの技能を情報技術を通じて蓄積し、かれらに時間的ゆとりを与えて、職人の身体に体化された文化資本を蓄積させ、創造的な仕事を開発させることが、日本の都市にとって、重要な課題となった。

　そして、市場開発においても、農村地域を再評価し、農産物をはじめとする職人産業市場を開発し、都市からの高度な職人産業の成果を販売することが求められている。これらの動きを担っているのは、日本の中小零細企業であり、下請け企業ではなく、自立した創造型産業である。（池上惇［2012］）pp.2-3)

　こうした創造的企業は、どのような発展の動向を示しているかについて、市に転入する人々が増えていることで注目される大分県竹田市を次にみていこう。

3．大分県竹田市と高齢化

　最初に、竹田市のあらましを記そう。竹田市は、熊本県と宮崎県の県境に接し、大分県の南西部に位置する。

　竹田市は、周辺を久住連山、阿蘇外輪山、祖母傾山系などの山々に囲まれ、400年以上の歴史を刻む岡城址を中心にまちがひろがる城下町である。滝廉太郎の荒城の月のモチーフとしても、この地は知られる。その主要産業が農業や観光業であることからわかるように、竹田市は農村地域が中心の典型的な地方の小都市といえよう。

　つぎに竹田市の高齢化率を見ておきたい。2010（平成22）年国勢調査によれば、竹田市の人口は、2万4,423人であるが、65歳以上の高齢化率が40.83％で全国都市5位、また75歳以上の後期高齢化率が25.22％で全

国都市1位であるなど、全国有数の高齢化が進んでいる点に特徴を持つ。そして、高齢化率の高い地域ほど、空き家問題は深刻である。

4．全国に先駆けた農村回帰宣言

　竹田市が2009（平成21）年から標榜した政策のひとつが農村回帰宣言である。これは、全国から移住者を積極的に受け入れるという宣言である。
　農山村で過疎化が進行し、空き家や耕作放棄地が増加しつつあることへの危機感がその発端にある。ただしここで留意してほしいのは、この宣言の特徴が過疎化、高齢化が進む竹田市において、単に都市から移住者を呼び寄せ人口増加を目指すというのではない点にある。
　すなわち、この政策の方向性は、移住した住民が地域でいかなる役割を担いつつ、コミュニティの再生にどのように関わるかという農村回帰の本質を基礎に置く。通常、農村回帰といわれる政策は、団塊の世代など退職後の生活設計を念頭に置き、都市部から人々を呼び寄せるのが一般である。しかし、竹田市の政策はそれにとどまらず若い世代の移住を促す。
　実際、2010年度から2012年まで62世帯122人の移住が実現したが、その8割近くが40代未満の若い世代で構成されている。もう少し具体的にいえば、2011年度の移住実績は、12世帯、21人であったが、20代、30代がともに19.0％（4人）、40代4.8％（1人）、50代14.3％（3人）で、60歳未満が全体の57.1％に及ぶ。また、2011年度については、20世帯、42名が移住したが、92.9％が50歳代以下であった。その内訳は、20代以下が38.1％（16人）、30代が40.5％（17人）、40代が9.5％（4人）、50代が4.8％（2人）である。そして、2012年度をみても、移住した30世帯、59人のうち、60歳以上はわずか3世帯、4人にとどまった。
　なぜ若い世代が竹田市に移住していくのか、その過程とは何かについて次にみておこう。

5．移住促進政策

　農村回帰宣言以前から存在する制度として、空き家バンクがある。これは、冒頭でも触れたとおり、空き家の所有者や管理者が空き家バンクに物件を登録する制度であるが、その物件は市のホームページなどで公開される。これにより、空き家情報は、移住希望者に発信されることになる。

　農村回帰宣言以降の利用者はどのように変化したのであろうか。2010年度に空き家バンクを利用した世帯は68世帯にとどまっていた。しかし、2011年度のそれは132世帯で、前年度に比べ19.4倍に増えた。とくに若い世代の利用が目立ち、2011年度における年代別の内訳は、20代が8世帯、30代が40世帯、40代が34世帯となっており、過半数は40代以下の世帯が占めている。古民家バンクの存在だけで移住者が増えたのであろうか。若者たちは、この過疎のまちに、どのような魅力をみつけたのであろうか。

5.1　竹田市農村回帰支援センター　──移住相談のワンストップ化

　まず、移住相談体制の強化を目的に2010（平成22）年6月24日に竹田市農村回帰支援センターが設立された。これは、農村回帰運動の浸透とともに増大する移住希望者の相談に対応するための施設にほかならない。農村回帰宣言以前は、相談窓口が大きく分かれていた。

　たとえば、空き家情報が企画情報課、就農相談が農政課、農地情報が農業委員会、起業相談が商工観光課と、それぞれの各部局が個別の対応にあたっていた。相談体制の強化により、移住希望者は、空き家情報をはじめ融資情報、補助制度、農地情報、生産・流通情報など必要な情報をワンストップで得ることになる。

5.2　竹田市集落支援員制度の創設

　移住者がコミュニティに適応することが何よりも重要であろう。移住先の住民と移住者の間に入り、両者が良好な関係を築くために配置されたのが19人からなる集落支援員である。市内19小学校区にそれぞれ、現職の農業委員、農業委員OB、民宿経営者、市役所OBらが集落支援員として任命される。

5.3　農村回帰サポーター制度

竹田市には、公共施設を農村回帰サポーターとして委嘱する制度がある。公営の温泉施設、国民宿舎、観光協会や観光案内所、道の駅といった公共施設は、農村回帰サポーターとして、土日祝日の移住相談や取次ぎなどの業務を担う。

5.4　農村回帰助成制度の創設

2010年7月から始められたのは、農村回帰助成制度である。具体的には、①空き家の所有者と移住者との間で売買契約、賃貸借契約が成立した場合に所有者に奨励金を支給する「空き家活用奨励金」、空き家の改修を助成する「空き家改修事業補助金」などがそれである。こうした定住促進を目的とした公的支援は珍しくないかもしれない。

もっとも、筆者がもっとも注目したのは、職人、芸術家に対する公的な財政支援制度であった。これは竹田市歴史・文化資源活用型起業支援事業補助金とよばれる。歴史・文化資源活用型産業、言い換えると、芸術文化産業には竹工芸、紙漉き、染物、陶芸、機織り、彫刻といったものがある。こうした芸術文化産業が製作の土地で培われた歴史や文化に大きく影響されることが知られるが、この制度は、長い歴史と固有な文化を継承する竹田で、創作活動を行わせるという点に趣旨がある。

すなわち、かかる財政支援は、そうした職人技を再評価し、都市に住む職人の技能を農村に回帰させつつ地域に文化資本として蓄積させることを目的とする。そのためには、そうした職人が静かな環境で創作活動に取り組むことが望ましいと考えられている。そうしたクリエイティブな人材が都市から農村部に移住して創造的な仕事を開発させることは、農村部ばかりか都市にとっても重要だからである。

こうした文化産業への助成施策はいかに評価すべきかが問題となる。

一般にこの種の施策は、芸術文化支援システムと呼ばれる。優れた芸術を持つ農村は人々に芸術鑑賞の機会を提供し、旅行者や居住者を惹きつけて地域のビジネスに刺激を与える。他方、伝統産業は基本的に人間の手仕事に依存する度合いが大きい。それゆえ、量産が難しく、飛躍的な技術革

新も困難で、場合によれば、採算を図ることすら厳しい。

　そこで、これらの社会的価値を公正に社会自身が評価し、消費者の欲求に応えつつ、地域への正の外部性が認められるならば、公的支援が正当化される（Baumol. W. J.&Bowen, W.G.［1966］）。

6．創造活動の場と公的支援

　もうひとつ注目してよい施策がある。移住してきた職人や芸術家が創造活動を行う場合、創造の「場」が必要となる。文化芸術を創造し、作品を公表し、文化の消費者が享受する空間は、創作者と消費者が出会う共通の基盤としてのインフラストラクチャーたる性質を持つ。

　現在、竹田市は、廃校となった小学校跡地の校舎を大分県立芸術文化短期大学の竹田キャンパスに変身させた。ここは、若年層の創造活動の場に利用されている。これにより、教育と文化芸術を結合させて芸術文化の享受能力を引き上げていくことが期待されている。

　こうした動きとあわせて、竹田に埋もれた、かけがえのない固有の文化や歴史的遺産を、住民や行政あるいは職人や芸術家がともに発掘し、再評価して地域の活性化に活かしていく公民協働の営みがある。これはエコミュージアム活動と呼ばれるもので、竹田ではこのエコミュージアム活動の営みが盛んである。

7．職人・芸術家はなぜ移住してきたか

　今日、このようにさまざまな施策が打ち出されているが、実際芸術家はなぜ移住し、この地で創作活動を続けているのであろうか。うえにみた施策の効果を芸術家の立場から検証する。

　この地に移住してきた芸術家は、竹芸家、紙漉き・和紙作家、美術ユニット、染織家、木工芸家、竹工芸家、籠づくり・青竹細工作家、作曲家など多彩である。そのうち、筆者が取材したふたりの芸術家を紹介しよう。

7.1 藍染作家

ひとりは辻岡快氏である。福岡県出身の彼は、明治期の酒蔵を改修した藍染工房「そめかひ」を営む。辻岡氏は、大分県立芸術文化短期大学で日本画、染色を修めた。のり染めと呼ばれる伝統的な染色法で暖簾や手ぬぐいを染め上げるのが特色である。藍染の原料は自身で栽培される。化学染料を一切用いない技法がこの工房の強みである。

辻岡氏は大学卒業後、豊後大野市の東部小学校跡地で工房を開き創作活動を行ってきた。しかし、その跡地もやがて使用できなくなり、2013年4月になって竹田に移住してきたという。

この酒蔵は地場産業の衰退ですでに酒蔵としての機能を失っていたが、職人工房としてよみがえった。酒蔵の白壁とまちなみが調和されて、見事な空間を形成しているが、藍染の作品がそこを行き来する地域住民や訪問客から見えるかたちで製作される。(写真1、2)

また、この工房は、創作の場というだけでなく、作品展が不定期に催され、藍染体験も可能である。そして、竹田のムラサキ、茜、藍といった植物からなる染料は、化学品過敏症に優しい。この素材でアレルギー体質の人々が身につけられる衣服を製作し竹田ブランドとして産業化していけば、

写真1． 酒蔵を改装した藍染の工房

竹田が植物染料の大きな産地に成長する、と彼はいう。かくして、芸術文化産業が、消費者による生活の質への欲求から、トリガー産業へと発展する期待が高まる。

このように、芸術家の定住により、地域内の未活用資源を利用しつつ、観光・訪問産業の成長、芸術と連携したまちづくりの展開が望める。同時に、藍染の実践知に伴う固有な産業の勃興への展望が生まれてくる。

竹田の魅力は何かといえば、辻岡氏によると、第一に地元の人々のホスピタリティ―もてなし―と創作活動に対する理解であるという。そして、もうひとつは地元の多様な芸術家たちとの交流の場がある点だとされる。

最近の文化経済学の研究（たとえば、リチャード・フロリダ［2002］、第4章など）によれば、単に金銭や物質的な豊かさだけでは人々の幸福感を充足できず、現代においては、個性が尊重され、心の喜びを享受できることが大切であると考えられるようになっている。個性の尊重は、他者との比較において存立しうるからである。これらの点を考慮にいれれば、現場との交流や多様なネットワークがあってこそ、創造的な生産活動が可能となる。これは、アルフレッド・マーシャルがかつて述べたindustrial atmosphereとも深く結び付く。(Scott. A.J.［2011］)

写真2．　藍染の工房の現場

7.2 竹芸家

 もうひとり紹介しよう。竹芸家の中臣一氏は、1974（昭和49）年に大阪府で生まれた。彼は大学在学中に竹工芸に接し、魅了されたという。卒業後大分県竹工芸・訓練センターに学んだ中臣氏は、竹芸家の本田聖流氏に師事し、2005年に竹芸家として独立を果たした。

 中臣一氏は、過疎の村の古民家を改装して、竹工芸の作品を製作しているという。その理由は、こうである。

 竹田には材料である竹が豊富にある。他方、古民家は作品の乾燥や保管などに適している。その意味で、創作環境が良好である（写真3）。そして、都市における製品の物流・販路開拓は情報通信技術をいかしたネットワークの構築により可能であるという。

 アメリカの文化経済学者、タイラー・コーエンは、「芸術にとってコンピュータとインターネットは、ごく近い将来のうちに最大の利益をもたらすだろうものである。」（コーエン，T．［2007］p.71）と述べている。この点は、日本の伝統工芸にも妥当するのではないだろうか。

写真3． 古民家を改装した竹工芸の工房

8．ラスキンの産業実験
――分散的な物的所有と開かれた知的所有を結合するネットワーク

　これまで論じてきたように、古民家や廃校という未利用資源を活用した職人や芸術家の創造活動による地域再生は、大きな可能性を持つといえる。この取組みが一般性を得て、日本の地域再生に持続性をもって貢献できるのであろうか。あるいは、それは一過性にとどまるのか。

　この点、ビクトリア時代の経済学者、ジョン・ラスキンの産業実験を手がかりに考えてみよう。

　19世紀の後半にラスキンは、衰退産業が残した資産と専門性・職人性を基礎に地域からの産業実験を試みた。

　フレミングはラスキンのこの実験を克明に描写している。

　（1）イギリスのマン島において、当時、伝統産業であった毛織物工業が、経営の危機にあり撤退してゆき、伝統産業の担い手であった、すぐれた技巧を持つ熟練した職人たちは、自分たちの住居という物的財産を持つだけとなった。そして、優れた知的所有者たちは、失業に直面し、若者や青年層は村を離れることを余儀なくさせられ、紡ぎ車は別の場所に移されようとする。大半の人々は、必然的な法則に基づく自然な傾向であるという考えであった。これに対して、ラスキンは、ここで創られ、地域社会の共同の財産として残された伝統産業の生産や経営のノウハウは、自然を基礎とした、人々の努力と創意工夫の結晶であり、個々の職人の技は、尊敬に値する芸術的作品を生産しうると評価した。そして、優れた製品の質を評価し、享受する消費者に、これらの技を伝え、市場を開拓することによって、これを再生させることが、人間社会の進歩であると主張した。

　（2）そこで、ラスキンは、伝統と文化を継承する意思や決意を持つ人々から出資を募り、その資金によって、高齢や体力が低下した労働者たちを激励し雇用の機会を作り出し、また資金を投入して水車小屋を作り、エネルギーを供給しようとした。現代であれば、エコロジー

の視点を持つ、この試みは、同時に、文化的で、ロマンティックで、美しい動力源を担う水車小屋となったのである。この小屋は、分散的な物的所有を担う職人や農民の共通の広場となり、地域社会の共通の財産である、優れた職人技や固有のノウハウによって支えられ、開かれた知的所有を持つ個々人の手仕事の工場であり、外界との販売活動や古い時代を想起させる物々交換の場ともなった。農民たちは水車小屋に羊毛を持ち寄り、完成された織物、もしくは家庭での編物に使用する原糸のどちらか一方が返礼として支払われた。加えて、彼らは貨幣をも、自分たちの知的な所有としてのルールと契約によって制御しうる物的財産に変えようとした。これは一種の地域通貨の導入であり、ラグザリーのホームスパン1平方ヤードが聖ジョージのギルドの通貨における価値基準であった。

（3）この産業の多くの生産物は実用性とともに、美しいものを受け入れて生活様式を変える潜在能力を持っていたので、聖ジョージのギルドにおける協同組織とネットワークは、産業の実験のための市場を開発したとされる（フレミング，A.［1870］（邦訳）池上惇［2008］pp.88-89）。

9．ラスキンの産業実験の意味

ラスキンの産業実験の事例をまとめると、つぎのようになろう。

すなわち、離散職人をマン島に定住させ、都市の中産階級からの出資によって再雇用し、美しい水車小屋を再生して自然エネルギーによる産業再生を図るというものであった。ラスキンは、離散職人を地域の固有な文化的価値を作品として表現することのできる創造的な人材であると評価した。

そうした創造的な人材は、ピエール・ブルデューの言葉を借りれば、心身に知恵や技能が組み込まれ、根底的な状態で身体と結合しているという意味で「身体化された文化資本」と呼ぶことができよう。この文化資本が経済学でいう人的資本と近接的な概念であるとスロスビーはいう（［2001］p.85）。

彼らが啓発された人々の支援を得ると、創造的な製品を生産してやがて都市の市民に届け、都市の人々が製品の享受をするに至る。

生活の芸術化による社会進化の方向は、市民が人格を高めていくことで、地域のガバナンスが自律的な変革を遂げる。それは、市民、労働者、職人などが失われた創造性を再び、自分の手に取り戻し、自治や納税による予算制御の力量を再生する営みである。このことは、ラグザリーのホームスパン 1 平方ヤードが聖ジョージのギルドの通貨における価値基準とされたような地域通貨の導入に垣間見られる。創造的な製品が再生され、デザインが改善され、農村地域のコミュニティもやがて再生され始める。これらの循環のダイナミクスは、都市市民の生活の質を高める営みでもある。

ラスキンのこの産業実験の過程を理解するうえで、重要なコンセプトとして浮き上がるのが文化資本概念にほかならない。

文化資本概念からは、ふたつの方向性が導き出せるであろう。

ひとつは、職人らが自分みずからを芸術的な存在としての立ち位置につくことである。それは美的に生きるマインドを向上させる営みである。その営みは、職人が学び合い独自の職人技を向上させ、それによって人格を高めるプロセスから獲得される。

いまひとつは、創造的成果を享受し、文化資本である創造的人材との出会いを通じて、住民や行政に従事する人々が文化的な刺激を受け、やがて町並みや住居空間に芸術的な装飾を施し、社会環境の変化を試み始める。

かかる営みは、文化資本の蓄積を起因とする生活の芸術化とよぶことができよう。

10. 生活の芸術化とソーシャル・キャピタル

これらの文化資本の形成と生活の芸術化の営みは、地域に何をもたらすであろうか。

リチャード・ツヴァイゲンハフトは、知識とスキルの様々な形態という意味で捉えた文化資本が適切な人脈の獲得と形成（ソーシャル・キャピタル）にある種の相関関係があるとする。

また、ロバート・パットナムは、信頼関係としてのソーシャル・キャピタルが市民同士の社会的ネットワークを深い結びつきを持つことを示唆した。彼によれば、市民が連帯性を高めて、構想力を持つ人々が生活の質を高める社会変革と経済的発展に導くとされる。

　こうしたツヴァイゲンハフトやパットナムの指摘が正しいとすると、グローバル化の負の影響から離散した職人技、貴重な文化資源、産業遺産などを市民が再評価し、地域再生に結びつけていくことが期待されよう。

　これまで述べてきた地域再生のパラダイムを竹田の事例にあてはめて考えてみる。未活用資源としての空き家活用が職人、芸術家の農村への復帰と結合することで、職人技能、伝統文化、伝統産業などの伝承と発展を生み、また相互の社会的連帯も芽生えてくる。こうした循環のダイナミクスを生むことこそ、地域再生の原動力となりうるのである。

　そればかりでない。職人・芸術家の移住とその生産物の創出は、やがて人流を生み出し、観光へと結びつく。

　たとえば、スロスビーは次のように語っている。

　　より特殊な意味で、観光はそれ自身を文化産業というよりも、むしろ、実演芸術、美術館、ギャラリー、文化遺産などといった文化部門に含まれる他産業の生産物の利用者であるとみなすことができる（スロスビー［2001］p. 201）。

　ちなみに、文化を目的とする観光が求める経験の範囲には、以下のようなものが含まれるとされる。すなわち、特定の実演芸術の公演、特定の博物館・美術館の訪問、芸術祭への参加、宗教的、文化的な聖地への巡礼、文芸あるいはその他の文化にゆかりのある場所への旅行、おそらく専門知識を持ったガイドを伴った考古学的あるいは他の文化的遺跡への訪問、文化体験をするために特定の地域社会の中で生活する等がそれである。

　スロスビーの主張が正しいとすれば、芸術家や職人たちがその地に移り住み、やがて彼らが創造的に生み出す生産物の魅力こそ、文化を目的とする訪問客を生み出し、交流人口増加の契機になりうるかもしれない。

11. むすびにかえて

　これまで述べてきたように、未活用資源としての空き家活用が職人、芸術家の農村への復帰と結合することで、職人技能、伝統文化、伝統産業などの伝承と発展を生み、また相互の社会的連帯が芽生えてくる。こうした循環のダイナミクスこそ、地域再生の原動力となりうるのである。

　とすれば、地域の固有性を無視して、都市や地域の発展を目指すことではなく、むしろそれぞれの地域の固有性を視野に入れた地域再生の取り組みが求められる。

　その意味で、今後農村地域の持続的発展を展望するとき、大規模な文化施設の投資に依存することなく、未活用資源を活用した地域固有の再生のあり方が問われるというべきであろう。

[参考文献]

Cowen, T.［2006］*Good & Plenty : The Creative Successes of American Arts Funding*, Princeton University Press.『アメリカはアートをどのように支援してきたか』、ミネルヴァ書房、p.71. 2013年。

池上惇［2012］「倫理利的消費者と誠実な職人との出会い―日本人による、3・11東日本大震災と、原発事故への対応は、"創造的場所づくり"に影響を与えるか―」2012年6月創造的な地域づくりと文化芸術の役割を考える―アン・マークセンさんを囲んで―における報告ペーパー、2012年。

竹田市編［2013］『竹田市農村回帰支援センターの取り組み』、2013年。

Fleming, A［1870］, Industrial Experiments in connection with St. George's guild', 1870, J. Ruskin, *The Works of Ruskin*, LibraryEdition, vol. 30pp. 328-335、池上惇「文化政策の現代的課題―ユートピア構想から産業実験まで―」同志社政策研究（2）、2008年。

Markusen, A., Nicodemus. G. and Barbour E.［2013］*The arts, consumption, and innovation in regional development*. pp. 36-56, Rushuton M. edit. Creative Communities. Brookings 2013.

Schumpeter, J. A.［1950］*Capitalism, Socialism and Democracy*, 3rd ed., Harper, 1950. 中山伊知郎・東畑精一訳『資本主義・社会主義・民主主義』〔新装版〕東洋経済新報社、1995年。

Scott, A.J.［2011］*The Cultural Economy : Geography and the Creative Field*, p. 215, Moeran B. and Alacovska edited Creative Industries critical Readings Vol. 2, Economy.

Baumol. W. J.&Bowen, W. G., [1966], *Performing Arts : The Economic Dilemma*, New York : Twentieth Century Fund.：ボーモル. W・ボーエン. W.［1994］『実演芸術―芸術と経済のジレンマ』芸団協出版、丸善発売、1994年。

Florida, R［2002］*The Rise Of The Creative Class : And How It's Transforming Work, Leisure, Community And Everyday Life*, Basic Books.『クリエイティブ資本論―新たな経済階級の台頭』（井口典夫訳）ダイヤモンド社、2008年。

Throsby, D.［2001］*Economics and Culture,* Cambridge Univ. Press.『文化経済学入門』（中谷武雄・後藤和子訳）日本経済新聞社、2002年。

Throsby, D.［2010］*The Ecobomics of Cultural Policy*, Cambridge Univ Press.『文化政策の経済学』（後藤和子・坂本崇監訳）ミネルヴァ書房、2014年。

第 2 章

創造農村と古民家再生
兵庫県篠山市を事例に

1．なぜ篠山が注目されるのか

　人口減少、少子・高齢化の急速な進展の影響は、農村地域の過疎化や地盤沈下の進行をもたらし、祭りなど地域のコミュニティや文化の衰退をも引き起こす要因となっている。

　これまで国や地方自治体を問わず産業育成、まちづくり、観光などさまざまな施策や取組みがなされてきた。その結果、湯布院などいくつかの成功事例もみられた。しかし、それらは限局的な事例としての成功にとどまり、その事業モデルや取組みの効果が一般性を得て、地域全体に普及・拡大し地域全体の再生に結実するまでには至っていない。

　そもそも地域の再生においては、イギリスの例からも明らかなように、伝統的技術やまちおこしなどのノウハウを持つ人材が企業とともに再生事業に取り組むことで相乗効果が発揮される。また、行政機関とNPO、企業などが連携を進め、雇用創出を通じた地域の自立を目指すことが必要である。さらに、職人の持つ伝統技術の維持・継承も重要であろう。

　一方で、地域社会を取り巻く学術研究機関が連携強化し、その地域の環境変化に対応した創造的な政策研究も必要となる。こうした一連の取り組みが有機的に連携を図ること、これが何よりも地域再生に不可欠である。

　本章は、兵庫県篠山市のケースを扱う。というのも、この地域の農村地域の再生運動は、のちに述べる創造農村として全国的に脚光を浴びているからである。実際、古民家を改修した宿泊施設は、週末やオンシーズンの予約が難しいほど国内外のビジターで埋め尽くされる。

　高齢化、人口減少が進む篠山市も地域再生が喫緊の課題である点では例外でない。篠山市においては、住民らが中心となり、古民家など古い建造物を活用したまちづくりが進められている。また、県外の伝統的技術やまちおこしなどのノウハウを持つ人材が再生事業に取り組むケースも出始めている。

　ここでは、行政機関とNPO、企業などによる連携により、雇用創出を通じた地域の自立が目指されている。実際、市内で2007年から2012年までの5年間に再生・活用された古民家や倉庫などの古い建造物は30軒で、ガラス工房や宿泊施設、レストランなどの店舗に生まれ変わり、70人ほ

どの雇用を生んだ。

　本章においては、篠山市における「古民家」の再生プロジェクトをサーベイしながら、持続的かつ環境の変化に対応した地域再生には何が必要かを明らかにする。

２．創造農村とは何か

　「創造農村（Creative Village）」とは、創造都市（Creative City）から発展的に派生した概念である。「創造都市」の概念は、スロスビーの書（デイビット・スロスビー著、後藤和子・阪本崇監訳『文化政策の経済学』ミネルヴァ書房、2014年、Throsby, D. *The Economics of Cultural Policy*, Cambridge Univ. Press, 2010）のなかで触れられている。

　たとえば、スロスビーは、「第7章都市再生、地域発展と文化」のなかで、次のように定義する。創造都市とは、「各種の文化活動が都市の経済的、社会的機能の不可欠な要素となっているような複合都市」と（スロスビー［2010］p.158）。

　そして、この章においては「こうした都市は、強力な社会的、文化的インフラストラクチャーの上に形成され、創造的な仕事が相対的に高度に集積し、芸術と文化の機能が十分に確立されているおかげで投資を引きつけやすい傾向にある。」（スロスビー［2010］p.158）とも述べられている。そして、スロスビーは、こう指摘する。

　　　うまくいけば創造都市戦略は、文化的インフラストラクチャー、地域における文化への参加と関与、盛大でダイナミックな創造的芸術部門、コミュニティ指向の文化遺産保護、地域経済に完全に統合された多岐にわたる創造産業への支援などに、注意を向けるであろう。（スロスビー［2010］p.159）。

　もともと創造都市の概念を提唱したのは、イギリスの都市計画家、ランドリー，C. である。ランドリー［2000］がいうように、今日の多くの世

界都市には資源としての人材が多く存在し、そうした人材が都市の発展にとって決定的な発展的要素である。何よりも彼らが生み出す創造性こそが都市のダイナミズムにとっての主要な要素として、立地条件や自然資源、市場への近隣性に取って代わっているからである。

　この創造都市の概念を発展的に派生した用語として日本で生み出されたのが創造農村ということになる。すなわち、創造農村とは、「コミュニティが持つ豊かな創造活動に基づいて、文化と産業における創造性に富み、同時に地域に根ざした革新的で柔軟な経済システムを備え、ローカルな地域社会や、あるいはグローバルな環境課題に対して、創造的問題解決を行えるような『創造の場』に富んだ地域」である（創造都市ネットワークHPより）。

　スロスビーも述べているが、「街や都市、地域の経済生活の中での芸術や文化を考えると、創造的活動の空間的次元がみえてくる。創造ビジネスはどこに立地するのか。美術館や実演団体は周りのコミュニティにどのような影響を与えるのか。」（スロスビー［2010］p. 149）。

　すなわち、スロスビーによれば、地域経済の空間的次元は国家的次元の小宇宙である。地域に文化産業、文化遺産、観光行動などの要因が取り込まれるようになれば、住民の生活の質への欲求が高まり、これに応えるかたちで芸術家らの創造活動が生み出されていく。

　このことは、今日現代経済、生活様式が変化する農村地域においても例外でなく、生活の質のレベルで農村をとらえることが必要である。創造農村の考え方は、こうした時代的背景を基礎に置く。

3．篠山市の現状

　まず、篠山市の概要を記しておこう。中国山地の東側に位置する篠山市は、2010（平成22）年現在、人口が4万3,268人、1万5,336世帯を擁する。山地が市域のおよそ75％を占め、市域北部には多紀連山、市域南部には深山山地が連なる。これらの標高500—800メートルの山地、丘陵が市域を囲み、その中心部には篠山盆地が位置する。

JR篠山口駅周辺から篠山城周辺に至る市街地やその周辺に広がる農地、日置地区などの既存集落地は段丘上に形成され、扇状地は山麓部や山地の谷筋に分布する。こうして農地や集落が広がる篠山市は、264の集落で構成されている。その多くは昔から住民のかけがえのない資産であるが、これらを総称して「歴史文化まちづくり資産」とよぶ。
　たとえば、お堂や祠（ほこら）などは歴史文化まちづくり資産を構成する。すなわち、各集落には、お不動さんや愛宕さんなどの祠が数多く残されている。その多くは、篠山市においては、これらはいずれも集落の核となっている。その意味で、集落固有の「歴史文化まちづくり資産」の保存・継承は集落そのものの保存・継承に他ならない。
　では、篠山市においては、「歴史文化まちづくり資産」はいかにして保存・継承されようとしているのであろうか。この点について、次にみていくことにしよう。

4．歴史文化まちづくり資産の保存・継承の方法

　篠山市歴史文化基本構想によれば、集落の景観は、固有の歴史文化まちづくり資産である。農村集落地区における歴史文化まちづくり資産とは、自然・歴史・文化が織りなす多様な特性を持つ主として農村集落の農を基盤としたものである。それは、すなわち、農村集落の文化的基盤を支えてきた農地、河川・水路、山林・里山および集落内の旧庄屋住宅や茅葺民家、祠や石仏、そこで代々伝えられてきた祭礼や年中行事などにより構成され、それらの構成要素は、景観として大きな価値を持つ（図表1）。
　集落の景観は、住民が不断の努力により生み出してきた知恵と優れた技の賜物である。しかし、多くの集落では少子高齢化や若者の都市への移住などに伴い、資産の維持が困難になりつつある。
　このため、集落固有の歴史文化まちづくり資産の保存・継承は以下の①〜③の方向性を持って進められている。
　① 集落に残る歴史文化まちづくり資産を保存・活用するため、資産について学び、考え、行動する機会を積極的に設ける。こうした機会には、

図表1. 「農村集落地区」の「歴史文化まちづくり資産」

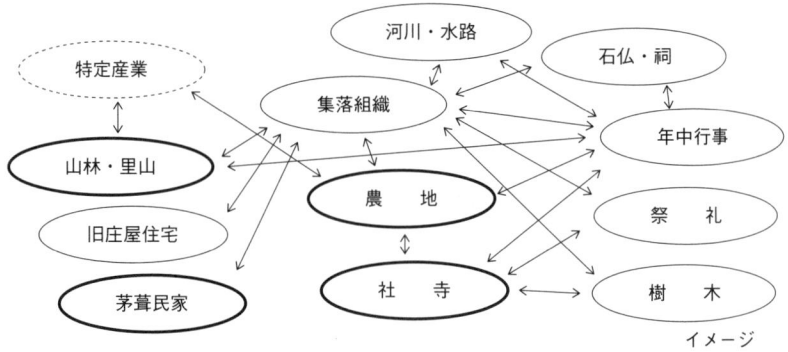

特定産業、河川・水路、石仏・祠、集落組織、年中行事、山林・里山、農地、祭礼、旧庄屋住宅、社寺、茅葺民家、樹木

イメージ

出典：篠山資料編［2011］p.158

図表2. 「歴史文化まちづくり資産集落カルテ」の活用方法

| 発見 | 集落の宝探しを行い、「歴史文化まちづくり資産」を再発見、再認識するための取り組みを住民主体で進める。 |

↓

| 評価 | 発見した「資産」を評価して、保存・活用のための方策を住民主体で考える。 |

↓

| 活用 | 行政や専門家などからの支援や助言を受けつつ、「資産」の保存・活用に向けて、集落の特徴に応じた取り組を進める。 |

↓

| 継承 | 取り組みを継続しながら、「歴史文化まちづくり資産」を継承すると共に、次の「資産」の発見につなげる。 |

出典：篠山資料編［2011］p.162

「歴史まちづくり資産集落カルテ」を活用しながら、新たな「資産」の発見や調査研究を進める。ここでいうカルテは、集落ごとに作成され、発見、評価、活用、継承という経路をたどる（図表２）。

　②「資産」を保存・活用する担い手や組織を育成するため、「歴史文化まちづくり資産」保存・活用講座の開催などを行政、専門家、市民団体、住民などの協力で進める。
　③ 篠山を代表する代表する伝統的な産業の継承・発展、集落の生活・生業の場である農地の維持、里山の管理技術の継承、防災まちづくりなどを進めるため、学校教育、市民活動、企業などと連携しながら多様な活動を展開する。

　以上のことからわかるように、篠山市のまちづくりの特徴は、第一に、人材を育成し、歴史文化を活かしたまちづくりをすること、第二に、行政、専門家、市民の各主体が連携をしつつ、まちづくりを行うこと、にある。
　ここにいう市民団体としては、NPO法人・たんばぐみ、NPO法人・町なみ屋なみ研究所などがあり、それぞれの団体は古民家の改修に積極的に取り組み、資産を活用したまちづくりに寄与しているという。

5．なぜ市民による古民家再生なのか

　それでは、なぜ市民と協働する古民家再生が必要と考えられるようになったのであろうか。
　篠山市歴史文化基本構想等策定委員の才本謙二氏は、そのきっかけを次のように記している。

　　『2005年の６月に篠山の城下町エリアで開催されたまち歩きイベント参加中、空き家になった民家を見て、「このままでは、近い内に解体される」と危機感を抱いた参加者は、現在の民間市場原理では残らない貴重な「資産」（古民家）をする後世に残す新しい社会システム

が構築できないかと考えた。公的補助制度に頼ると、タイミングが合わない、様々な制限が加わる、補助期間終了と共に、意識も薄れていくことなどから、民間資金と市民による古民家再生を目指したことがきっかけである』と（篠山資料編［2011］p.164）。

そして、その効果とは、以下の点が認められたという。

　　景観を形成する古民家の外観を整えることで、まちと古民家の魅力を高める。また、係った人びとが、町に親しみを覚え、篠山暮らし羨ましく思い篠山への移住を望んで叶えた人がいることが挙げられよう。さらに特筆すべきことは、以降のプロジェクトの根幹をなすようになった河原町における「teyany」プロジェクトでの「町屋トラスト」だろう。所有者は無償で建物を提供し、篤志家は資金を出し、技術やアイディアを提供できる人は技を発揮し、労力を提供できる人は汗を流した。行政や自治会も支援を惜しまなかった。「ギャラリーカフェ」として開店してからも地域の支援を受け、町の拠点としての役割を果たした。(篠山市歴史文化基本構想資料編 p.164)

6．丸山集落の事例
　―各主体が連携した茅葺民家等の歴史文化まちづくり資産の活用
　資産を保存・活用するため、行政、専門家、市民団体、住民などが連携する仕組みが篠山市で採用されているとすでに述べた。
　このシステムの特徴を明らかにするため、具体的な事例として丸山集落の取り組みをさらに進んでみてみよう。

6.1　丸山集落の現状
　まず、丸山集落の起源と現状から触れておこう。丸山集落は、集落のタイプとしては、農村集落で、多紀連山の御岳の麓の黒岡川の谷奥に立地する集落である。この集落は、石積みと一体となった戌亥蔵と築地塀に囲ま

れている。妻入りや中門づくりの12軒の旧茅葺民家は傾斜が生かされ、南北の山林と密集する特徴的な景観を生んでいる（写真1）。

　集落上流には、篠山藩主、青山忠高が藩領の水不足対策を目的に築いた葆沢池があるが、集落は1749（戊辰2）年に集落南東山向かいの奥畑から城の水守として移住してきたのを起源とする。移住当初は12世帯であったが、1883（明治16）年には、11戸の民家が建ち、男女それぞれ25人の計50人の住民が居住していたことが確認されている。やがて高度経済成長が本格化する昭和30年代ごろから雇用を求めて都市部に移住する住民が増え始めた。

　必然的に若年世代の流出は高齢化率を高める。LLP丸山プロジェクトの調べによると、2012（平成24）年4月1日現在の居住者の状況は、5世帯19人（男性7人、女性12人）であるが、平均年齢は52歳、高齢化率21.1％である（内訳は、80代1人、70代2人、60代5人、50代4人、40代1人、30代2人、20代4人）。

　そして、丸山集落には12戸の民家があるが、そのうち、7戸が空き家である。

写真1．　丸山集落

6.2　集落トラストの仕組み

　少子高齢化は空き家を増やす。増え続ける空き家は、防災・防犯上、景観上好ましいものでない。それだけでなく、少子高齢化と空き家の増大は限界集落化の懸念を引き起こし、農業の担い手不足、耕作放棄地といった問題を突きつける。そのために、いかに古民家問題を解決すべきかが問題となる。

　まず古民家を修復して、滞在施設を整備して人流を生み出す、農業体験、アート、日本文化といった要素を取り込む作業を行う、それによって修景整備を行う、これらが一般市民や学生、転出者、市職員らが学習会を重ねて得た再生のシナリオであった。さらに、兵庫丹波の森協会や一般社団法人ノオト、建築、景観の専門家らが住民とワークショップを重ね、集落の目標像の共有化を図っていったのであった。

　では、具体的にいかなる仕組みが構想されたのであろうか。

　まず、有限責任事業組合丸山プロジェクトと呼ばれる実践がある。この事業は、集落NPOと中間支援組織としての一般社団法人ノオトが連携して、古民家再生および滞在体験施設としての運営を行うというものである（図表3）。

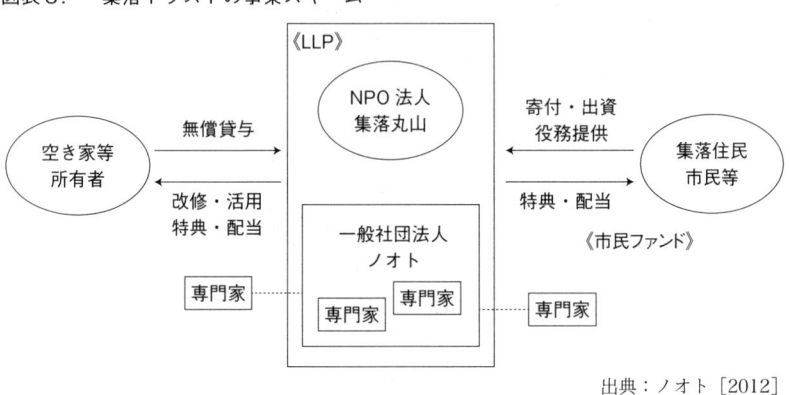

図表3．集落トラストの事業スキーム

出典：ノオト［2012］

すなわち、

空き家等の所有者は、みずからの空き家、空地、農地等を10年間無償で貸与
① 集落住民等は、事業資金の一部、役務等を提供
② 集落住民等は、集落マネジメントのために「NPO法人集落丸山」を設立し、滞在体験施設の運営、各種体験イベント等を実施
③ 一般社団法人ノオトは、古民家再生、観光、食、イベント等に関する専門家の派遣、市民ファンドの創設・運営、銀行からの資金調達等により集落の取り組みを総合的に支援
④ 「NPO法人集落丸山」と「一般社団法人ノオト」およびLLP（有限責任事業組合）を結成して、役割分担、費用負担、収益配分等を定める

事業期間は10年間とし、その後の運営継続については協議して定めることとされていた。

ここで基本的な認識が共有されることがふたつある。すなわちそのひとつは、まず使われなくなった個人資産は地域の共同資産であるという思想である。ふたつ目は、集落住民の経済的負担を最小限に留めつつ、空き家、空き農地を地域資産と位置づけ、その活用と集落の景観を共同で保全していくという考えである。この考えを基礎に、古民家再生のスキームが出来上がったのである。

6.3 何がこれまでなされてきたのか

農家民泊運営が始まったのは、2009（平成21）年10月1日である。開業から2012年3月までの宿泊者総数は2057人を数えた。NPO法人集落丸山が設立され、2012（平成24）年3月19日に法人化の認定がなされた。そして、一般社団法人ノオトと共同で有限責任事業組合「LLP丸山プロジェクト」が設立された。

そして、まず使われなくなった個人資産は地域の共同資産であるという認識に基づいて、公的支援を得ることが決定された。国の補助事業や兵庫県のサポートといった公的支援を得ながら、空き家となっていた築150年

から160年の古民家三軒が再生事業の対象に選ばれた。この古民家を所有者は10年契約で無償貸与するということが決められた。

　本プロジェクトにおけるNPO法人集落丸山とノオトとの役割分担は、図表4のとおりである。このスキームにおいては、管理運営は集落で立ち上げられたNPO法人集落丸山が土地建物の無償貸与、市民ファンドへの出資、予約、顧客管理などの運営を行う。他方、専門家組織である一般社団法人ノオトの業務は、修繕工事の委託契約、補助金の取得、市民ファンドの設立・運営、銀行融資、イベント企画、デザイン管理、外国人観光客の誘致である。

　こうして、有限責任事業組合という枠組みのなかで、ふたつの組織が役割を分担しながら事業は進められていく。それは、集落住民の経済的負担を最小限に留めつつ、空き家、空き農地を地域資産と位置づけ、その活用と集落の景観を共同で保全していくという考えがこの基礎にあるからである。

　このLLPは、2009年に農家の空き家を改修し、宿泊付きレストラン、いわゆるオーベルジュを始めた。レストランを運営するにあたっては、神戸北野で「ジャンティー・オジェ」を営むオーナーシェフ高柳好徳氏をスタッフに迎えた。古民家の蔵を改修した「ひわの蔵」というレストランがその職場である。宿泊設備も洋式の大きなバスルームを擁し、都市ホテル

図表4．役割分担

	NPO法人集落丸山	一般社団法人ノオト
改修工事	○土地建物の無償貸与	○工事の委託契約
資金調達	・市民ファンドへの出資	○補助金の取得 ○市民ファンドの設立、運営 ○銀行融資
運　営	○予約受付、接客サービス ○顧客情報管理 ○情報発信（インターネット等）	・イベント企画 ・デザイン管理 ・外国人観光客の誘致
収益配分	◎資金造成し、集落マネジメント事業に活用	

出典：ノオト［2012］

と遜色ない。太い柱と梁が建物を支え、その空間に大きなベッドやソファが並ぶ。

　こうして、携帯もつながらない地区の農家の空き家がオーベルジュとして変身を遂げたのである。

7．LLP丸山プロジェクトの財政構造

　LLP丸山プロジェクトは、10年間のタームで行われることはすでに述べた。では、その財政構造はいかなるものであろうか。さらに進んで財政構造を検討しよう。

　そもそも丸山プロジェクトの初期費用にいくらを要したのであろうか。
　支出全体の費用は、図表5にみるように、71,300千円であった。そのうち、もっとも大きな割合を占めるのが、A棟、B棟、C棟の改修費の48,300千円で、これは全体の67.7％を占めている。人件費や報償費、広報費などソフトの費用は5,969千円で、広報費が3,263千円ともっとも多い。
　一方、収入は、全体で71,300千円であるが、その内訳では国や県の補助金の占める割合が54.4％と過半数を占めた。収入項目のうちで特筆すべきは、市民ファンドの2,500千円であろう。これは、プロジェクトに共感する市民からの拠出金である。

8．考察
　最後に検討課題を指摘しよう。本章は、さしあたり、財政のみを扱う。
　丸山プロジェクトは、これまで述べてきたように、集落住民、市民、空き家所有者およびNPOによるコミュニティ再生を目的とした集落トラストである。そして、そのねらいは、古民家の再生事業を通じてふるさとの原風景を再生しようという公益目的にある。
　そのことを裏付けるように、NPO法人集落丸山の設立趣意書には、以下の記述がある。

図表5. LLP丸山プロジェクトの財政

■工事費内訳 (単位：千円)

項　目	金　額	備　考
工事費	48,300	A棟、B棟、C棟改修
追加工事	10,980	駐車場、NPO事務所等
設計監理費	4,460	
家具	612	机、椅子等
電化製品・備品	979	冷蔵庫、レンジ、掃除機等
小　計	65,331	

人件費・報償費	265	アドバイザー謝金等
旅費	138	東京、大阪等
広報費	3,263	見本市出展、映像製作等
委託料	815	ホームページ制作、不動産鑑定等
雑費	1,488	内覧会、ユニフォーム、切手等
小　計	5,969	

合　計	71,300	

■資金内訳 (単位：千円)

項　目	金　額	備　考
国補助金	35,800	ふるさと原風景再生マネージメント事業
県補助金	3,000	小規模集落元気事業
C棟負担額	9,000	所有者負担
銀行融資	14,000	但馬銀行
自己資金	7,000	
市民ファンド	2,500	@10万円×25口
合　計	71,300	

出典：ノオト［2012］

「…略…こうした丸山地区も少子高齢化が進行し、空き家の増大とともに、いわゆる限界集落化が懸念されている。農業の担い手不足や耕作放棄地の増加、獣害の拡大などにより地域全体の環境管理が困難な状況となっている。

こうした状況を打開するため、私たちは、これまで培ってきた豊かなコ

ミュニティを背景に、使われなくなった個人資産は地域の共有資産であるとの認識のもと、他地域に住む財産相続者に代わって個人資産を協働管理すること、生きがいの持てる自律した地域経営を創造すること、そのための体制整備を行うこととした。

こうした地域再生という公益目的から、図表5に示したように、収入全体の54.4%が国や県の補助金で賄われているのである。

たしかに、公的支援を得て事業が公共目的に沿いながら進められることは意義を持つ。

しかしながら、財政状況が厳しさを増すなか、公的支援が失われれば、こうした形態の事業の持続性は失われる。この点をどのように解するべきかが問題となる。

この点、イギリスの経験が参考になるであろう。

ヨーロッパにおいては、農村コミュニティの再生など社会問題の解決を目的とした社会的企業が注目されている。従来のボランティアは公的な補助金・助成金に大きく依存していた。公的な支援に依存する割合が高ければ高いほど、中央政府・地方政府による、事業展開に対する制約が不可避的に大きくなる。これを避けるために考え出された形態が社会的企業である。社会的企業は主な資金源が自らの事業という点に特徴を持つ。これにより柔軟で機動的な事業展開が可能となるからである。

ソーシャルビジネスが世界で初めて導入されたイギリスには、社会的企業のコミュニティ利益会社（Community interest company）という形態の法人が存在する。イギリスにおいてコミュニティ利益会社に関する法律が2004年に成立したが、今日この形態の会社が地域再生に大きく寄与してきている。この法律は、コミュニティの利益に貢献する。

活動を行う社会的企業を育成する目的で導入された法人格である。団体がコミュニティ利益会社になると、株式の発行が認められるなど資金調達が容易となる（ルイ［2012］pp.105-107）。

それに対し、日本においては、とくにソーシャルビジネスに特化した法人格は存在しない。イギリスの場合、コミュニティ利益会社が株式を発行して、共感を得つつ幅広く株主を募らなければならない。その手法として、

ここでは、ふたつのノウハウを指摘しておきたい。
　ひとつは、インターネット上でのウェブで資金を広く調達する手法であるクラウドファンディングである。もうひとつは、ひととひとのつながりを重視するコミュニティデザインという手法である。
　2013年2月18日福井新聞電子版は、最近日本においてこのふたつの手法が地域活性化の資金調達に道を開いたことを紹介している。それによれば、県外に住む福井県出身者が中心となり、観光ガイドブック作成や地域活性化のためのイベント費用を捻出するためにウェブ上で広く資金を募った。まちづくりの資金を公的支援に頼らず、すべて出資とした目標額は100万円であった。ところが、実際集まった金額は210万円に及んだ。
　ネットをよくみる出資者からは、ふるさとのために何かしたいという声が強かった。これは、ハード重視の方向性ではなく、ひととひとがつながる仕組みがうまく作用した好例である。

9．まとめ

　住民の自治による古民家再生・まちなみ再生運動は、貴重な地域の財産として、地域の発展にいかされなければならない。そのためには、古民家再生の運動は、単なる一過性の取り組みに終わらせるべきでない。たえず住民に学習の機会を設けられ、お互いに高まりあう環境が不可欠である。同時に、持続性と明確な方向性を持ち続けることも重要である。
　それを可能ならしめるのは、内発的な取り組みである。その取り組みを強化する作用として、空き家という地域内の未活用資源を活用しながら、デザインや食文化に関わる、アートと連携したまちづくりの社会実験であろう。さらに、クラウドファンディングという新たな資金調達の道は、こうした一連の社会実験を財政的に支えることにつながる。
　日本の古民家再生の現場から研究すると、農村地域、過疎地域を中心に住民活動の後継者および活動資金について悲観的な見方が多い。しかしながら、創造農村の取り組みを振り返ると、ある種の光明が見え隠れしているのではなかろうか。

[参考文献]

Throsby, D. [2010] *The Economics of Cultural Policy*, Cambridge Univ. Press.『文化政策の経済学』(後藤和子・阪本崇監訳) ミネルヴァ書房、2014年。
Landry, C. [2000]. *The Creative City : A Toolkit for Urban Innovators*, London：Comedia／Earthscan.
LLP丸山プロジェクト編『集落丸山視察見学資料』2012年。
J.ルイ、ラヴェル編（北島健一・鈴木岳・中野佳裕訳）『連帯経済－その国際的射程』、*L'Économie Solidaire ; une perspective internationale*、生活書院、2012年。
篠山市教育員会編『篠山市歴史文化基本構想』、2012年。
篠山市教育員会編『篠山市歴史文化基本構想資料編』、2012年。
河合雅雄監修・丹波の森協会・中瀬勲編『もり・人・まちづくり―丹波の森の試み』、学芸出版社、1993年。
福井新聞電子版（http//www.fukuishinbun.co.jp/localnews/editorial/40403.html）

第 3 章

古民家再生・まち並み保存の取り組み
広島県呉市を事例に

1．なぜ呉に観光客が集まるのか

　近年、東京、京都とならんで、文化観光の結節点として注目を集めるのが広島県の呉市である。とりわけ、呉市は広島県における交流人口の増大に大きく寄与している。それはいかなる要因に基づくのであろうか。本章においては、筆者のフィールド調査から、その要因を分析していこう。

　まず、筆者は呉市産業部観光振興課を訪問取材し、呉市として古民家再生や、まちづくりに対する方針・考え方をヒアリングした。ここで注目したのは御手洗地区である。呉市の島しょ部に位置する御手洗地区はかつて、海道の要地として繁栄を極めた。現在では、御手洗地区は国の重要伝統的建造物群保存地区に指定されており、江戸時代の往時のたたずまいが今に残されている。裏手通りに複雑に多くの古民家が保存されているのが特徴的で、今日、この地が多くの観光客で賑わっているのは、地域の再生並びに古民家再生プロジェクトの成果といえよう。

　呉市はかつて海軍関係では日本有数の基地であったことから、現在も戦艦大和のドッグや最近設営された「大和ミュージアム」を見に来る観光客が多く、かつての目ぬき通りであった「れんが通り」はシャッター通り化しながらも、呉市としては観光客全体としては増加[1]している。

　一方呉市以外にも広島県内に注目すべき商店街がある。それは「広島本通り」である。これについては呉市と比較して後述したい。

2．呉市について

2.1　呉市の現状

　まず呉市の現状について説明しよう。

　広島県呉市はかつて軍港として栄え、「海軍さんのまち」として知名度の高い所である。人口は23万人、広島市内からは車で1時間程度である。現在は広島市内から高速道路も開通している。さらに呉市と東広島市を縦断する高速道路も開通し、呉市へのアクセスは山陽自動車道経由で大変便利となってきた。呉市は瀬戸内海沿岸沿いに広がる丘陵地に家屋が密集した住居が多く、災害危険地域に指定されているような地域が多い。現実に

呉市中心部を走ってみると、小高い丘に所狭しと住居が密集している。
　また呉市は島しょ部が多く、7つの島は現在は全て架橋されており、島の生活は大変快適で、風光明媚な観光地となっている。島の多くはみかん農園が盛んで「大長みかん」というブランドみかんもある。7つの島は自動車はもとより、現在は自転車によるサイクリングロードにもなっており、呉市はサイクリングロードの建設にも力を入れており、しまなみ海道一帯を自転車の「聖地」と呼んでいる。

2.2　大和ミュージアム

　呉市の観光に寄与しているものとして先に触れた「大和ミュージアム」という文化施設がある。これは映画「男たちの大和」と時を同じくして建設されたもので、呉市はその映画のロケ地ともなった。この「大和ミュージアム」はJR呉駅と隣接しており毎日大勢の観光客を呼び込んでいる。ミュージアムの背には「大和建造ドッグ」が見え、「やまとのふるさと」として今も保存されている。ここは何か日本人が忘れてはならない「心のふるさと」ともいうべき郷愁をかもしだしてくれるから不思議である。館内には戦艦大和の十分の一の模型が展示され、第二次大戦の遺品や搭乗員

写真1．大和ミュージアム（筆者撮影）

の遺影が所狭しと展示されている。また館内入口に大戦前後の様子や大和の技術などを紹介する映画が上映されており、戦後世代にも背景がわかるように説明している。

　呉海軍工廠(くれかいぐんこうしょう)は海軍のいわば技術研究所兼製造所ともいうべき膨大な職員と設備を備えて、当時世界最先端の技術力を持っていた。ここで建造された大和の技術があったからこそ、戦後日本の技術立国としての繁栄があった、ともいわれるように、大和には当時世界最新鋭の工学技術を駆使した大砲・機銃の照準装置が装備されていた。

　海上自衛隊第1術科学校（もと海軍兵学校）のある江田島に車で行くには宇品港からフェリーを使うのが便利である。音戸地区は音戸の瀬戸として風光明媚な土地で、ここは言い伝えによると平清盛が1日で切り拓いたといわれる呉市と音戸を切り離した海峡がある。現在は音戸大橋で結ばれているが、かつては渡し船が行き交う賑やかな場所であった。この音戸・倉橋エリアも音戸の瀬戸公園・吉川英治文学碑・平清盛像が見下ろす瀬戸内海の島として自動車でのドライブやサイクリングロードとして観光化されている。

写真2.　呉湾を臨む、左端に見える屋根が大和建造ドッグ（筆者撮影）

3．呉市空き家バンク

　呉市産業部観光振興課にて古民家再生について聞くと、「呉市空き家バンク」制度について説明して頂いた。「呉市空き家バンク」とは呉市で居住することを希望する人に空き家・空き地の情報をホームページで紹介するもので、呉市内全域における空き家・空き地情報を募集している。この情報をもとに空き家・空き地を再開発・再利用しようとするものである。

　呉市内全域に関する情報はリンク先の広島県宅地建物取引業協会のホームページに掲載されている物件が対象となる。空き家バンクの手続きとしては、空き家・空き地の所有者と賃貸・購入希望者をつなぐ仕組みを紹介するもので、呉市内に空き家・空き地を所有し、かつ賃貸・売却を考えている人及び空き家・空き地を探している人が利用できる仕組みである。ところが、呉市観光課によれば、現実に情報提供があるのはわずかで、残念ながらこの制度の活用が進んでいない。その理由として、折角空き家がありながら、「盆正月には孫達が帰ってくるので人に貸せない。」というのが本音で該当物件が多くは出てこないようである。

　呉市空き家バンクホームページ（http://www.city.kure.lg.jp/~teizyu/akiya_bank）にアクセスしてみると約30件の情報が掲載されており、成約したのは3分の1程度で、呉市としてはこの空き家バンク制度の推進が思うように進んでいないことに大変残念に思っているようである。

3.1 「石段の家」

　呉市中心部にある両城(りょうじょう)地区に「石段の家」というのがある。両城200階段と言われ、市内からは、まるで山城のようにそびえる高台で車では行けない場所に住居がやはり所狭しと並んでいる。ここは映画「海猿」で潜水夫の訓練シーンにもなった場所である。「石段の家」は「NPO法人くれ街復活ビジョン」が再開発したもので、宿泊場所を観光客に提供している。料金は平日5名利用で一人2,400円（会員料金）からとなっている。非会員でも予約可能であるが、別途準会員料金が必要となる。この「石段の家」は呉市中心部では最も高い場所にあり、市内及び呉湾が一望できるというのが売り込みである。

3.2 「矢弓の家」

森ルイ氏はかつて警視庁警察官として女性白バイ隊員・ロシア語通訳をされていた方である。彼女は、瀬戸内海の大崎上島に築80年の古民家を購入し、カフェ＆ショップantennaを経営している。そして彼女は、WWOOF（ウーフ）ジャパンホストとして世界中の人々と島暮らしをシェアし、自称大崎上島観光親善大使として活躍されている。「矢弓の家」は「ルイの家」とも呼ばれ、広島県の空き家バンクで森氏が購入したもので、台所・風呂は共同使用でかつ洗濯機・冷蔵庫・電子レンジ・トースターなども共同使用で1泊3,800円、2泊7,000円。間取りは4畳、4畳半、6畳が2部屋プラス10畳の屋根裏部屋がある。森氏のこうした活動により、大崎上島のみならず、広島県では海外からの観光客が増加[2]している。(http://www.osaki-kamijima.jp/yayumi-house-矢弓の家ホームページを参照した)

写真3．呉市両城にある「石段の家」と200階段（筆者撮影）

4．安芸灘大橋と安芸灘とびしま海道エリア
4.1　安芸灘大橋
　呉市を東へ走ると川尻という地域がある。ここから7つの島へ渡る「安芸灘大橋」が平成12年に開通したおかげで、島しょ部が一気に活気づいた。安芸灘大橋は呉市本土と下蒲刈島を結ぶ橋長1,175メートルの国内最大の吊り橋で普通車片道720円の有料となっている。自転車と徒歩でも無料で渡ることができる。平成26年度は169万台の通行があった。呉市は国の過疎地域支援補助金により、土日・祝日に限り、安芸灘大橋を現金で利用した場合、安芸灘・とびしま海道エリア内にある指定施設で1,000円以上利用すると帰りの通行料金が無料になる制度を実施している。これにより、島しょ部への観光客を呼び込み、さらに指定施設の営業支援を見込んでいる。

4.2　江戸の面影を残す御手洗のまち並み
（1）御手洗地区について
　安芸灘大橋を経由し、下蒲刈島、上蒲刈島、豊島を経て大崎下島の最東端に御手洗という地区がある。この地区は文化財保護法第144条の規定に

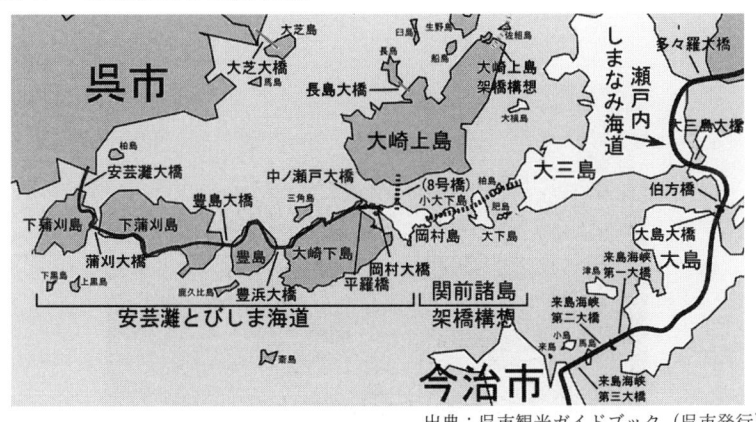

写真4．　安芸灘とびしま海道全域

出典：呉市観光ガイドブック（呉市発行）

基づき平成6年に国から重要伝統的建造物群保存地区に指定されており（全国で38番目の選定）、江戸時代に潮待ち・風待ちの港町として栄えた大小の商家、茶屋、船宿、神社、寺院など江戸中期から幕末の面影をとどめる建物や史跡が数多く残されており、独特の雰囲気を醸し出している。

　御手洗という地名の起源は神宮皇后が三韓侵略の時、この地に立ち寄り、手を洗われた、という言い伝えからこの名がついた、といわれている。

　細い路地の入口近くで神社に出会う。天満神社と言って菅原道真公が博多に流される際、船でこの地に立ち寄り、口をすすぎ、み手を洗われた、といわれている。

（2）金子邸

　菅原道真公を奉った天満神宮の対面にある金子邸がある。金子邸に掲げられている説明文には次のように書かれている。

　　1866（慶応2）年坂本龍馬の仲介で長州藩の桂小五郎と薩摩藩の西郷隆盛との間で薩長同盟が結ばれたが、広島藩も薩長土肥の各藩と連携しその動乱に対応することとした。慶応3年11月25日長州軍は

写真5．　美しい安芸灘大橋の全景（筆者撮影）

写真6． 金子邸遺跡、右端の白壁は金子家子孫の実家（筆者撮影）

　家老毛利内匠の指揮のもと奇兵、遊撃、整武、振武、第二奇兵など7部隊が2隻の軍艦に分乗し、汽船鞆府号に先導され三田尻（防府）を出港、26日御手洗に来着した。広島藩はこれに合流するため、諸兵総督岸九郎兵衛以下が兵を率いて24日汽船震天丸に乗り広島を出帆し、御手洗で長州軍が来るのを待っていた。そして金子邸にて長州軍との約定が結ばれ、その夜震天丸を先発として討幕軍は京都に向けて出発した。これが有名な御手洗条約である。

　坂本龍馬・中岡慎太郎もたびたび来島し、ここで密談したという維新の激動の時代に重要な役割を果たした場所であることがわかる。金子邸には現在も子孫が離れで暮らしている。

（3）若胡子屋跡
　唯一この地区に残る元待合茶屋である。一時、地区会館として使用されていたが、今は過去の資料を展示し、見学ができる。ここには100名近い芸妓がいて、なぜか芸妓の数が100名になると必ず1名が亡くなり、常に100名に保たれていたという伝説のある待合茶屋であったらしい。御手洗

第3章　古民家再生・まち並み保存の取り組み　55

写真7.　右手前が若胡子屋跡（筆者撮影）

はかつて、大阪と四国・九州を結ぶ海路の休憩地として栄え、多くの船宿が商人・旅人を迎え入れた場所であった。

（4）七卿落遺跡
　　　　しちきょうおち

　1863（文久3）年8月18日、公武合体派のクーデターによって敗れた討幕派の公卿のうち三条実美公ら七卿が長州藩兵に守られ、京から都落ちしたあの有名な七卿の一行が立ち寄り、宿泊した場所が現在も残っている。翌1864（元治元年）長州藩は真木和泉守を先発として兵を京都に進めたが、7月19日蛤御門の変（禁門の変）で敗れた。この時、三条実美ら五卿は京都における長州藩の勢力挽回と共に入京しようとして長州を出て多度津（香川県）までたどり着いていたが、京都の敗北を知り長州に引き返した。その途中、7月22日から24日にかけてこの竹原屋（庄屋）で旅の疲れを癒した。なお、この竹原屋には維新のころ、オランダ商館のテーレマレ・パクという人物が駐在して薩摩藩などと武器の密貿易もしていた。

　また文久3年から慶応元年に至るまで広島藩は軍艦購入のため、薩摩藩から金十万両を借り、その返済方法として米、銅、鉄などを御手洗で薩摩藩に渡していた（御手洗交易）。

写真8. 七卿落遺跡（筆者撮影）

　このように御手洗港が維新の陰の舞台になったことは歴史家の知るところである。（全文は七卿落遺跡地に掲げてあった看板を参照）
　ここはもと庄屋であるが、門構えなどはお寺風の建物である。

(5) 乙女座
　1937（昭和12）年にモダン劇場として賑わい、戦後は昭和30年代まで映画館として親しまれてきた乙女座が劇場として復元され、かつての様子を今に伝えている。隣接する「江戸みなとまち展示館」では「交易」「交歓」「交遊」という3つの視点から御手洗の伝統を紹介している。
　御手洗地区は車で入ることができない細い路地が蟻の巣のように入り混じっている。住民によれば、昭和30年以前の建造物は呉市環境基本条例（平成11年3月16日制定）第17条などにより、もとの外観が維持・保存されなければならず、改築する際などは市の許可が必要である。そういう条例のもとで、現存する御手洗地区は昭和30年代以前の風情を残しているようである。またこの地区は例外なく大変清潔に保たれている。これは住民の意識レベルが相当高いことを物語っている。

（6）もと薩摩藩船宿脇屋

　幕末の動乱期に薩摩・長州といった有力藩は船旅の拠点であった御手洗に船宿を独自に持ち、藩士たちの旅の疲れを癒した。現存するものとして薩摩藩の船宿であった脇屋は現在も整然としたたたずまいを残しており、今でも十分に使用に耐えるようにみえる。

写真9．　昭和30年代以前の姿を今に残すまち並み（筆者撮影）

写真10．　もと薩摩藩船宿脇屋（筆者撮影）

5．呉市中心街の変遷——呉れんが通りからゆめタウンへ

　呉市の中心街にある「れんが通り」は現在文字通りのシャッター通り化しつつある。

　戦前の海軍盛んなる時代に多くの海軍関係者が集まり、昼間は商店街として、夜は歓楽街として栄えた場所であったが、近年造船業の不況が長引き、れんが通りにも人影が年々と少なくなっている。呉市の中心街はれんが通りから大和ミュージアムに隣接したゆめタウンあたりへと変遷しつつある。このゆめタウンは西日本最大のスーパーイズミが西日本全土に店舗展開しているもので、現在の店舗数は中国地方を中心にイズミグループとして102店舗となっている。(2015年6月現在、株式会社イズミHP参照)

　どの店も毎日大勢の買い物客で賑わっている。ゆめタウンはイオンモールと同様に店舗がまちづくりに大いに貢献しているのは間違いない。イオンモールはアウトレットとして膨大な店舗数と十分な駐車場が設置されており自動車で家族で行けるため、郊外に一大ショッピングモールを作り出し、店舗の営業だけでなく、周囲のまちづくりとして住民が居を構えやすい地域ぐるみの展開が行われている。広島においてはゆめタウンがイオンモールと同様のまちづくりに貢献しているといっても過言ではない。

写真11．　ゆめタウン広島（筆者撮影）

このように、近年では郊外の大型ショッピングセンターが日本各地で集客力を増し、それが引き金となってまちづくりを形成する傾向がある。これらのキーワードは「自動車」と「ファミリー」ではないだろうか。

6．400年間にわたり繁栄を続ける珍しい商店街広島本通り
6.1　400年の歴史を持つ広島本通り
　広島市で最も集客数の多い商店街といえばもちろん、本通りである。週末には10万人が通行すると言われる。これほど持続している商店街は全国でも珍しいと思われる。本通りの歴史は古く、一番の老舗は赤松薬局で1615年（元和元年）の創業である。本通りに並ぶ商店数は約230店舗で東西に約577メートルに及ぶ。東側は広島金座街と並木通りに隣接している。
　江戸時代、現在の本通りは、広島城下を横断する西国街道（山陽道）の一部で、「本通り」の路面には、「西国街道」「革屋町」「平田屋町」など、かつての町名を記した9個の石板が埋め込まれており、ここが街道だったことを伺うことができる。本通りは被爆により一旦は壊滅状態となったが、再度復興している。1954年（昭和29年）にはアーケードを設置したことから、雨天でも平和記念公園入口まで濡れずに行けるため、内外からの観光客も必ずここを通ることとなる。
　また本通りの東側始点は三越・福屋デパートという大型デパートであり、西はそごうデパートのある紙屋町交差点へとつながり、平和記念公園入口まで一直線となっていることが集客数を大きくしている要因ではないかと思われる。
　またこの本通りに店舗を構えることが商店にとって「あこがれ」といわれているように、長い年月を経ても益々魅力度が高くなってゆく商店街としては全国的にも珍しい。本通り商店街に出店している商品の内容としてはごく普通の日常用品が多く、決して全国の郊外に展開されているアウトレットにあるような外国ブランド商品ばかりではない。

6.2 広島アンデルセン効果

本通りのほぼ中心部には「広島アンデルセン」という名のお菓子屋が1967年（昭和42）から店舗を構えている。現在では広島本通りに行く目的の一つにアンデルセンのパンやケーキを買いに行く、という目的を持って出かける人が多い。現在は店舗も拡大され、結婚式場にもなり、1階では食事や喫茶コーナーに行列ができるほどである。店舗内は常に満杯状態である。建物本体は旧帝国銀行広島支店時代の被爆建物を保存している、という意味でも価値がある。

通りを歩く人にも華やかで清潔な店舗を見るだけで気持ちを明るくしてくれる雰囲気を持っている。特に若い女性に人気のアンデルセンが本通の中心部にあることが本通りを賑やかにしている要因となっていることも事実である。

6.3 学生の卒論テーマとなっている本通り

SmS（ショッピングモールシスターズ）という女子大学生が主体となった活動グループがある。2003（平成15）年に結成されたものであるが、広島本通り商店街振興組合の委託を受けて清掃やフリーペーパーの作成、店舗への「お知らせ」を配布する女子学生の起業活動である。先輩から後輩へと引き継がれて現在でも活動は続いている。そして女子学生の卒業論文のテーマとして研究され、それが活動に反映されるという好循環により、常に活動に磨きがかかっている。清掃で大変なのは、捨てられたガムの取り除き作業のようである。無造作に捨てられたガムは誰かが大変な思いをして取り除かなくてはならない。こうした活動のお蔭で、広島本通りが常にきれいに保たれていることを忘れてはならない。（SmS HP参照）

広島本通りは呉の「れんが通り」と比べて衰退という言葉が見当たらない、その要因とは、すなわち、①江戸時代から400年の歴史を保ちながら、古い街道をそのまま商店街として発展させてきた、②「アンデルセン」という若い女性に人気のおしゃれな店が本通りの中心部にあり、それが集客効果を呼んでいる、③ボランティアによるまち並み保存が行き届いている、④商店にとって、ここに出店するのがあこがれ、という合い言葉にまで

なっている、などであろう。

　現在古民家の再生プロジェクトが全国で盛んに行われているが、その多くが、民間人または民間団体（NPO法人など）が古民家を買い取り、建設会社などに依頼してリフォームする、という方法で進められている。行政が地域全体をまち並み保存するために資金を提供する、というのではない。呉市の例では行政が古民家を募り、その活用のための情報提供と希望者との仲介をする、という立場をとっている。

　今回取材した御手洗地区では市の環境条例でまち並み保存が定められて、その条例に基づき、地域の自治体ぐるみでまち並み保存を進めることで、その地域が観光化され、知名度が向上し、商店も活気が出る、という複合効果が現れている。また御手洗地区も清掃が行き届いており、どこを散策しても大変きれいで清潔である。

　御手洗地区は新規投資による新しい建物の建設による観光客の誘致を行ったものではなく、歴史ある古いまち並みを生かして古民家を再生・保存し、そのためのインフラを整備することで多少の島しょ部であっても「自動車」を使って「ファミリー」を伴った観光客が徐々に増加した例で

写真11．　紙屋町から広島本通り入口付近、手前側が平和記念公園入口につながっている（筆者撮影）

ある。

　このように郊外型大型ショッピングモールによる新規都市開発型とは全く違い、行政と一体化した古民家の再生と古いまち並み保存という方法でも人の流れが変わり、まちが活性化することが分かった。

　こういう方法が必ずしも効率的な集客法ではないかもしれないが、まち並みが次世代へ永く引き継がれて行くという点では日本全国にある古いまち並みがこれから活性化してゆく余地があることを示唆してくれると思われる。

　最後に今回取材に協力いただいた呉市産業部観光振興課様へ感謝申し上げます。

[注]
（1）広島県商工労働局観光課「観光客数の動向」によると呉市の平成24年度観光客数は461万9,000人で前年度比16.3％の伸びを示している。(http://www.pref.hiroshima.lg.jp/uploaded/attachment/101169.pdf参照)
（2）「瀬戸内しまなみ海道」が開通した平成11年には、広島県観光客数がはじめて5,000万人を上回り、平成23年には5,532万人へと増加。さらに平成25年度は約200万人増が見込まれている。(広島県商工労働局観光課http://www.pref.hiroshima.lg.jp/uploaded/attachment/　参照)

[参考文献]
井川樹『ひろしま本通物語』南々社、2013年。
「呉市観光ガイドブック」呉市産業部観光振興課、2013年。
「瀬戸内もも旅ガイドブッドマップ〜映画「ももへの手紙」の風景を探して〜」広島県
　　商工労働局観光課・愛媛県経済労働部観光国際局観光物産課、2012年。

第4章

公民協働による金澤町家の継承・活用事業
石川県金沢市を事例に

1. 広がる町家の継承・活用

近年、全国的に町家保存の取り組みが活発化している。それは単なる住居や商店の建物維持のみならず、宿泊施設やカフェ、レストラン、ショップなどにリノベーションする事例も増えている。それでも多くの町家は、その価値を評価せず、取り壊しが進んでいるのが現状である。

そのなかで、金沢市の町家継承・活用の取り組みは高く評価できる。金沢の中心市街地は戦災にあわず、多くの古い町家が残っているが、時代の経過とともに建て替えが進み、活用されていない空き家や空き店舗は取り壊されてきた。藩政期以降残ってきた風情ある町並みの変化に危機感を抱いた行政は、支援制度や保存に資する技術伝承の教育制度などを構築し、一部の民間事業者や市民はNPOやLLPを設立するなど、町家継承・活用の取り組みを官民協働で推進した。現在では、金沢市内での町家居住や町家リノベーションが増加し、町家の取り壊し傾向が緩和するなど一定の成果がみられる。

そこで本章では、金沢でのさまざまな主体による町家の継承・活用の取り組みや施策を概観し、さらにその取り組みの原点と考えられる約50年前の伝統環境保存条例制定の動きにも焦点をあてながら、現代の町家継承・活用事業の意義を明らかにしていく。

2. 町家保存活動の歴史的経緯

2.1 金沢市伝統環境保存条例策定のきっかけ

金沢の町家継承・活用事業はおよそ1998（平成10）年の伝統的建造物支援事業以降であり、具体的取り組みが本格化するのは、2006（平成18）年の金澤町家継承・活用研究会（現在の特定非営利活動法人金澤町家研究会）の発足以降と考えられる。この具体的な施策は後述するが、「景観や町並みへの市民意識」、「官民協働での取り組み」の起源をたどると、1968（昭和43）年に制定された金沢市伝統環境保存条例（以下伝環条例）にさかのぼることができる。まず、この伝環条例の内容と策定プロセスを概観する。

1968（昭和43）年に制定された伝環条例は、全国に先駆けた自治体による景観や環境の保存をすすめるものである。昭和30年代、日本の高度経済成長が始まると、多くの都市では経済発展が重視され、自然環境などが犠牲となり、公害問題なども顕在化した。開発の行き過ぎを反対する声が全国で起こり、特に京都双ヶ岡、鎌倉鶴岡八幡宮裏山の開発問題を契機として、1966（昭和41）年「古都における歴史的風土の保存に関する特別措置法」（以下古都保存法[1]）が成立し、奈良、京都、鎌倉の三都を限定し、風致地区の緑を守る法律が議員立法で成立、施行された。奈良、京都、鎌倉と並ぶ日本有数の観光地であるにもかかわらず、古都保存法の対象から外れた金沢は、自然環境とそれに包蔵された歴的建造物や遺跡の保存と継承を、独自の条例設定で行う道を選択した。

　条例制定は、行政が主導したわけではなく、経済界や学術界が重要な役割を担った。経済界の動きとしては、金沢経済同友会の「保存と開発委員会」の議論であり、委員長の本岡三郎[2]は、同会機関紙「金沢経済同友」の1967（昭和42）年1月号に「金沢の保存と開発問題雑感」を掲載し、金沢文化の保存の必要性とその具体策、さらに芸術都市建設と再開発を目指す旨を主張している。

　ほぼ同じ時期に市外の学識者にも動きが見られた。金沢出身の谷口吉郎東京工業大学名誉教授は、上京した徳田輿吉郎金沢市長に金沢市の素晴らしさを称え、格調ある伝統環境を保存し後世に伝えることを訴えた。これらの経済界や学術界からの提案により、金沢市では1967（昭和42）年5月に谷口氏をはじめ、中央の5名の学識者[3]の委員による「保存と都市再開発診断」を実施し、その調査結果から保存の基本方針が出され、自然景観の保存のための植樹の奨励、河川・用水の清流維持、まちなみ景観に調和する建築物の指導、歴史的遺産の保存のための買い上げと免税措置、区域指定による保護などが提言された。この提案を受けて、「伝統環境保存委員会」が設置され、制定されたのが伝環条例である。

2.2　伝環条例の内容と課題

　この伝環条例は、古都保存法から外れた地方都市の歴史的景観の保存を

規定するという点では画期的な条例[4]である。条例の詳細は割愛するが、手法としてはまず保存地区を指定し、その地区内における建築活動を事前届け出制とし、問題があればこれに対し助言、指導するというものである。当初、金沢市では、寺町寺院群、長町武家屋敷群、卯辰山山麓寺院群、野田山墓地一帯の4地区が保存候補地区として選ばれ、指定地区内の保存に対し、補助金が交付された。ただしこの条例は罰則規定を持っていないため、法的な拘束力は低くなるが、強制しないことがむしろ市民のモラル意識を向上させ、さらに条例化したことで持続的な制度となり、かつ対外的にアピールする有効な手段となった。

　しかし伝環条例は、古都保存法と同様にその対象を「歴史的風土」すなわち、歴史上価値ある建物等が、周辺の自然的環境と一体をなしている地域を指しており、一般の民家や町並みは対象にされていないという点では不完全なものであった。つまり伝環条例の基本方針は、風致や緑化などその周辺の環境保全であり、個々の建造物の保存ではなく、直接町家保全に資するものではなかった。

　ただし、この取り組みは、行政主導ではなく、経済界や学術界からの発意や助言により進められ、自分たちの地域は自分たちで決めるという意識を醸成するきっかけとなり、また「条例によるまちづくり」という手法が構築されたという点で、その後の金沢市のまちづくりを考える大きな転機として位置づけられる。

　その後、1982（昭和57）年に伝環条例が改正され、面的な景観保全を前提とする伝環条例では対応できない、貴重な単体建造物の保存のための指定保存対象物制度が創設された。また1989（平成元年）に伝環条例を継承・発展させた「金沢市における伝統環境の保存及び美しい景観の形成に関する条例」（以下景観条例）が制定され、その後、「金沢市こまちなみ保存条例」「金沢市用水保全条例」「金沢市斜面緑地保全条例」「金沢市の歴史的文化資産である寺社等の保全に関する条例」など自治体独自条例が制定された。個別に歴史的資産の特徴を特化してその価値と保全がアピールされているが、金澤町家など一般的な居宅や商家などの支援に取り組まれたのは1998（平成10）年以降である。

3．金沢市の町家支援政策と職人養成の取り組み[5]
3.1 金澤町家の現状

　そもそも、金澤町家とは何か。金澤町家保全活用推進基本方針（2013）を参考に記述する。

　金澤町家とは、「金沢市内で1950（昭和25）年以前に建築された歴史的建造物で、町家、武士系住宅、近代和風住宅などの建築様式を有する建築物の総称」と定義されている[6]。

　まずは町家である（写真1、2）。町家は平屋建ての平入りで、商人や職人が住んでいた住宅であり、建物は直接道路に面し、隣家同士が接しているが長屋でなく、互いに柱や壁は独立している。その外観は、平均間口が3、4間で、玄関はくぐり戸のついた木製の大戸で、正面の柱間には蔀（しとみ）と呼ばれる上下2枚の横板戸が入り、内側上部にしまい込む形になっている。1階表につく格子には、竹の簾を竪桟に横張りしたスムシコ（簾虫籠・簀虫籠）と呼ばれるものや、桟の幅や隙間が極めて狭いキムシコ（キムスコともいう。木虫籠）と呼ばれる加賀格子がある。2階窓には太い荒格子で横桟の入った古格子がつき、2階壁面の両側には延焼防止や隣家との区切りを示す袖壁がある。

　もう一つが武士系住宅である（写真3）。武士が住んでいた住宅で、かつて城下町の約6割が占めていたという。建物は門を構え、敷地のほぼ中央に独立して建ち、周囲を土塀で囲われ、敷地内には樹木が植えられ庭園が設けられていた。建物の外観は、平屋建ての妻入りで、壁の漆喰と梁、束、貫を表にした正面妻壁の意匠はアズマダチ（吾妻建ち）と呼ばれ、玄関部分には下屋庇の屋根がつき、外観は下見板張りである。

　最後が近代和風住宅（写真4）である。明治維新後の近代化の様式、技法、材料を用いて建てられた住宅であり、現在金沢市内に残る金澤町家の多くが近代和風住宅である。外観は、武士系、町家系に大別され、武士系の近代和風住宅は、敷地全面に板塀、コンクリート塀などを設け、その内側に前庭として樹木を植える。建物は総じて2階建てでアズマダチ風である。町家系の近代和風住宅は、階高が高く、1階部分に庇を二重につけて欄間窓を設けている。

これら金澤町家の実態は、最近まで不明であった。そこで金沢市は、固定資産台帳から金澤町家の棟数を算出した。それによると、1999（平成11）年から2007（平成19）年までに約１万900棟から約8,700棟と、８年で2,200棟が滅失していることが明らかになった。さらに市は外観調査や所有者、利用者などへのアンケートなどの現状把握に努め、2008（平成20）年に、調査内容を整理し、今後の方向性として「金澤町家継承・利用活性化基本計画」（以下、基本計画）をまとめた。基本計画は、金澤町家を歴史的資源として文化的景観を形成する重要な要素を持ったものと捉え、これらの維持・継承し、個性豊かで魅力的な推進することとしている。

　さらに、2013（平成25）年４月には金澤町家の保全及び活用の推進に

写真１．　町家・正田家（金沢指定保存建造物）　　写真２．　町家・金沢町家研究会が入居する建物

写真３．　武士系住宅・大屋家（文化庁登録有形文化財） 　　写真４．　近代和風住宅（町家系）・戸水家（文化庁登録有形文化財）

関する条例（通称金澤町家条例）が制定され、さらに同年10月に金沢町家保全活用推進基本方針が取りまとめられた。そこでは、6つの方針（金澤町家の維持・修復に努める、金澤町家の居住性・利便性の向上を図る、金澤町家の利用促進を図る、金澤町家に対する市民意識の醸成と必要な人材の育成に努める、金澤町家をまちづくりに活かす、金澤町家保全活用支援団体の活動を支援・育成する）のもと、具体的な施策が設定されている。

3.2　金沢市の町家に対する施策

　個別的かつ直接的な金澤町家の継承・活用の施策は、1998（平成10）年から始まった「伝統的建造物修復事業」からである。戦前の建築で都市景観の形成に寄与する建築物を、伝統的建造物修復事業対象建築物として認定し、外観修復と構造補強に関して支援を行った。限度額は、400万円、補助率は2分の1で、外観修復150万円、防災構造整備250万円となっている。2009（平成21）年度までの11年間に累計78件の支援が行われた。

　外観修復と構造補強の支援の伝統的建造物修復事業に対し、内部水回り等に支援できる「まちなか住宅リフレッシュ事業」も2003（平成14）年から開始された。この施策は、まちなか定住の促進を目的とし、1945（昭和20）年以前に建てられた住宅（その後、要件を1950（昭和25）年以前に緩和）の外観、構造、内部水回りの改修工事に対して支援するものである。限度額は100万円、補助率は2分の1となっている。2003（平成14）年から2009（平成21）年度までに71件の支援が行われた。

　ただし、この2つの支援事業は、双方同時に受けることができず、支援としては不完全なものであった。そこで、2010（平成22）年に両事業を統合した「町家再生活用事業」を開始し、外部修復、内部改修、防災構造設計などを総合的に行うことができるように制度が改められた。店舗以外の町家の場合、限度額150万円、補助率は2分の1、店舗等の町家の場合、限度額250万円、補助率は2分の1、その他、耐震性能診断や防災構造補強設計、防災構造整備などへの支援がある。2010（平成22）年度は19件、2011（平成23）年度は15件、2012（平成24）年度は16件と、支援対象や対象区域が拡大されつつ、支援が継続されている。

また町家再生活用事業が実施されるにあたり2008（平成20）年に3棟、2009（平成21）年に2棟は、町家再生活用モデル事業として実施され、成果を積極的に広報することでその後の支援の方針がより明確にされた。

　また、2010（平成22）年、2011（平成23）年には金澤町家賃貸借モデル事業が行われた。これは、これまでの町家所有者の支援以外に、サブリース（転貸）や賃借人による町家活用の計画を募集し、選定された事業に対し外観修復や内部改修の費用を補助するものである。限度額は600万円、補助率は2分の1である。金沢駅近くの空き家が対象となり実施された（表1）。

3.3　職人の技術を伝える金沢職人大学校

　これまで市の直接的な支援について述べた。それ以外にも、金沢市の町家の維持・継承に関し、ほかの地域にはない先駆的な取り組みが行われている。それは町家再生に資する職人養成の学校が運営されていることであ

表1．　金澤町家に関する金沢市の施策展開

	計画等	事業
1998（平成10）年度		伝統的建造物修復事業
1999（平成11）年度		
2003（平成15）年度		まちなか住宅リフレッシュ事業
2004（平成16）年度		
2007（平成19）年度		
2008（平成20）年度	金澤町家継承・利用活性化基本計画	町家再生活用モデル事業
2009（平成21）年度		
2010（平成22）年度		町家再生活用事業　金澤町家賃貸借モデル事業
2011（平成23）年度		
2012（平成24）年度		
2013（平成25）年度	金澤町家条例　金澤町家保全活用推進基本方針	

出典：ヒアリング等より著者作成

る。

　近年、生活様式の近代化や機械化の進展で、伝統技術そのものが衰退し、その結果後継者が不足するという悪循環を招いている。そうした状況を打破すべく設置されたのが金沢職人大学校である（写真5）。

　金沢職人大学校は1996（平成8）年8月に設立された。この施設は金沢市が設置し、指定管理者として公益社団法人金沢職人大学校が運営している。設立のきっかけは、1994（平成6）年にある神社の改築披露に招かれた山出保金沢市長が、地元に宮大工がほとんどいないことを知り危機感を覚え、職人大学校を作ることを決心したことから始まる。そして金沢市は、大工の他、建具、畳、左官、瓦、板金、造園、石工、表具の9つの組合と相談し、それらの組合に出資と協力を募り、開校にこぎつけた。工芸品や文化財などについての支援を行う自治体が多いが、これだけ多くの分野について、組織的かつ継続的に行う事業はほとんどない。山出市長の英断は、金沢の将来を大きく左右するものだった。

　その設置の目的は「金沢に残る伝統的で高度な職人の技の伝承及び保存のための人材の育成を図るとともに、伝統的な職人文化に対する市民の理解と関心を深める」（金沢職人大学校設置条例第1条）となっており、金

写真5．　金沢職人大学校　外観

沢における伝統技術の教育と啓発が中心である。

　教育に関しては、設立当初から、石工科、瓦科、左官科、造園科、大工科、畳科、建具科、板金科、表具科の9科で構成する本科を設置し、基本的な技術を習得している中堅の職員が対象とし、定員は50人、講座期間は3年間で、月4回、就業後の平日午後7時から9時を原則とする（表2）。本科修了者には、金沢市より「金沢匠の技能士」の認定章が授与される。

表2．　金沢職人大学校　本科修了者の変遷　　　　　　　　　　　（単位：人）

	石工	瓦	左官	造園	大工	畳	建具	板金	表具	計
第1期（平成8年10月〜平成11年9月）	5	5	5	5	10	5	5	5	5	50
第2期（平成11年10月〜平成14年9月）	5	5	5	5	10	3	5	5	5	48
第3期（平成14年10月〜平成17年9月）	5	5	5	5	10	5	5	5	5	50
第4期（平成17年10月〜平成20年9月）	5	4	5	5	9	4	4	5	5	46
第5期（平成20年10月〜平成23年9月）	5	6	5	5	10	4	4	5	5	49
第6期（平成23年10月〜平成26年9月）	5	5	5	6	8	4	3	5	4	45

出典：金沢職人大学校HPより

　さらに本科修了者が学ぶ修復専攻科がある。修復専攻科は第1期の本科修了生が輩出される平成11年に開設され、本科修了者をはじめ、それと同等（建築士や金沢市文化財行政に携わる職員）の専門的知識を持った人を対象に、定員40名、期間は3年間で、毎週金曜日の午後1時半から5時半に講座を実施している（表3）。なお本科、修復専攻科ともに授業料は無料である。

　実習中心の本科に対し、修復専攻科は歴史的な建造物の修理・復元に要する専門知識の習得と技の研鑽を図る総合的なカリキュラムが組まれている。最初の半年は座学が中心で、その後2年半は実際の現場での研修である。座学は、毎週文化財修復や歴史的なまちづくりに関わる日本を代表す

表3. 金沢職人大学校　修復専攻科修了者の変遷　　　　　　　　（単位：人）

	石工	瓦	左官	造園	大工	畳	建具	板金	表具	設計士	市職員	教員	計
第1期（平成11年10月〜平成14年9月）	3	4	3	2	9	3	3	4	4	4	6	0	48
第2期（平成14年10月〜平成17年9月）	0	1	2	1	8	0	3	4	2	5	2	2	32
第3期（平成17年10月〜平成20年9月）	1	0	3	4	9	1	5	0	5	6	0	0	46
第4期（平成20年10月〜平成23年9月）	2	2	2	3	5	0	2	3	0	13	5	1	38
第5期（平成23年10月〜平成26年9月）	0	1	3	2	11	0	2	2	1	15	10	3	50

出典：金沢職人大学校HPおよび金沢市歴史建造物整備課ヒアリングより筆者作成

る人材が行う。実習では、実際に金沢市の保存建造物が実習教材として使用され、講師も日本の第一人者が担うなど充実したカリキュラムとなっている。そして近年は修了者が助手や講師を担うようになった。

そして修了生が輩出されるにつれ、修了者の活躍の場が必要となる。近年では、修了者が金沢城の修復工事の棟梁として参加するなど活躍の場は広がっている。また金沢市の町家支援の拡大は、活躍の場づくりに寄与しているといえる。

なお事業規模は6,700万円程度[7]（2012（平成24）年度）であり、これは職員の人件費や子供向けの啓発事業を含むため、本科および修復専攻科の直接の事業費は2,000万円弱となっている。

3.4　NPOとの協働事業の実施

金沢市の直接支援を行う事業、人材育成事業のほかに、NPOと協働で行っているものも多い。金沢市がNPOに委託して調査の実施や、町家の情報提供やマッチングなどの事業を行っている。これらについては、NPOの活動の部分で論じていく。

4．町家継承・活用事業と新しい主体のNPOとLLP
4.1　特定非営利活動法人 金澤町家研究会とは[8]

特定非営利活動法人金澤町家研究会（以下金澤町家研究会）は、2005（平成17）年6月に任意団体の金澤町家継承・活用研究会として発足し、2008（平成20）年2月に法人化した。現在会員は約70名で、大学教員、建築家、技術者、町家利用者のほか、町家に関心のある市民などで構成され、一般市民も多数加入している。現在は常駐の事務局員が1名在籍し、金沢市や石川県建築士協会、金澤職人大学校との強固な連携関係にある。金澤町家研究会の設立は、これまで文化的景観や文化的建築物の保存などに焦点があたっていた金沢市の施策が一般の「町家」に転換する契機となった。金沢市は、市民発意、市民参加の手法を取りながら民間の動きに呼応する形で支援施策を構築してきた。今回もそのひとつといえる。民間の発想を、機動的な行政が支援している。

前述のとおり、金沢市は多くの条例による景観・町並みの保全を推進してきたが、いずれも地区を限定したものだった。そのため、一般市民の居住地区や商業地区など広範な地域を対象とし、かつ多くの市民の積極的な関与が可能な新しい形の保存・継承の仕組みが求められていた。そして組織化されたのが、金澤町家研究会である。

法人の定款によると「この法人は、金澤町家の継承・活用にむけて、町家住居や町家保存に関心のあるあらゆる人に対して、関係機関とも連携をとりながら、町家の継承・活用の促進に関する事業、町家の修復等に関する資産である金澤町家が減少している傾向に歯止めを掛け、金沢市における風格と魅力ある町並みの形成の促進および市民主体のまちづくりの推進に寄与することを目的とする」とされており、金澤町家の継承・活用のために、多様な主体と連携を図りつつ、市民を巻き込んだ街並み形成を取り組む決意が表されている。

4.2　金澤町家研究会の活動[9]

活動内容であるが、2006（平成18）年度以降は、町家の実態を調査する「調査研究部会」、町家の新しい活用方法を模索する「活用モデル部会」、

講習会やワークショップなどを企画する「町家塾部会」、町家に関する相談を受け付ける「技術・職人部会」、ニューズレターやホームページで情報を発信する「広報交流部会」の５つの部会で運営が進められた。

ただし、大きな方向性は、町家の調査研究を通じて実態を明らかにするための「調査事業」、町家の具体的な活用を促す「活用流通事業」、多くの人が町家に触れる機会を創出する「交流活動事業」、市民意識の高揚をはかる「広報活動事業」である。この４点について解説を行う（表４）。

表４．金澤町家に関する特定非営利活動法人金澤町家研究会の事業展開

年度	団体の動き	調査研究事業	活用流通事業	交流活動事業	広報活動事業
2005（平成17）年度	研究会発足	市民意識調査 町家利用者 実態調査 事業者調査			HP開設
2006（平成18）年度			町家活用モデル事業（セミナー等）		町家だより創刊
2007（平成19）年度					
2008（平成20）年度	法人化	金澤町家外観調査	再生活用モデル事業（ギャラリー等）	町家巡遊	
2009（平成21）年度		空き家実態調査	再生活用モデル事業（ドミトリー）		
2010（平成22）年度					優良金澤町家認定制度創設
2011（平成23）年度			金澤町家流通コーディネート事業		HPリニューアル
2012（平成24）年度		金澤町家外観調査	町家よろず相談会		
2013（平成25）年度			金澤町家流通コンサルティング事業		
2014（平成26）年度					
2015（平成27）年度				金澤町家友の会発足	

出典：ヒアリング等より著者作成

4.3　調査研究事業について

　調査事業については、基本的に金沢市との委託による協働事業で、市民意識調査、町家利用者実態調査、空き家実態調査、空き家外観調査など多様な調査が実施されてきた。最初に取り組まれたのは、2005（平成17）年度に実施した市民意識調査である。これは金沢市内の20歳以上の居住者から無作為に抽出した1,300人を対象にしたものである。500人から回答が得られた。この調査は、一般市民の金澤町家に対するイメージや必要性を確認するものである。ほとんどの市民は、伝統や歴史、金沢らしい風景を評価し、回答者の8割が金沢町家の継承・活用が必要、4割程度が住んでみたいと回答している。その一方で、維持費や安全性に対する懸念の声も聞かれた。

　2005（平成17）年度には、町家利用者実態調査も行われており、町家の所有者から得られたアンケート調査回答192件、インタビュー調査回答171件がまとめられている。これによると町家暮らしは、季節や自然を感じられる、自然素材の良さ、続き間のある間取りなどが高く評価されている一方で、建物の老朽化や採光、駐車スペースなどの問題が多く指摘されている。

　この年度には、不動産業者や建築業者などへの事業者調査も実施されている。ここでは事業者が町家に対する意識が低く、市場性の低さや維持費の高さ、空き家に対する周辺住民の不安感によって解体が進む実態が明らかになり、事業者への意識啓発や歴史的住宅を熟知した職人の確保の必然性が指摘された。

　2009（平成21）年には、空き町家が存在する各町会長に調査が行われ、中心市街地における空き町家が624棟あることが特定している。こうしたデータを整備することで売買や貸借のコーディネートを円滑化させることを可能にし、金澤町家情報バンクなどの情報拡充にも活かされている。

　また町家の外観調査も行っており、対象となる金澤町家は、2008（平成20）年度には、6,700棟、2012（平成24）年度には6,000棟であった。1999（平成11）年以降、年間300棟の急速なペースで取り壊しが進んできた金澤町家は、保存活動や啓発活動の成果もあり、最近の取り壊し件数

は、年間150棟と半減している。

　これら調査は、金澤町家の実態が明らかになることに加え、市民を巻き込み、意識を高めるという副次的な効果を生んでいる。学生や市民などが調査に関わったことで、多くの人が町家に対する理解を深めることにもつながり、さらにそうしたマスコミ報道が啓発につながっている。その後、学生や一般市民がNPOの会員などに加わるなど、良い循環をつくっている。

4.4　活用流通事業について

　町家の活用については、2006（平成18）年度に行われた実験事業で、コミュニティ空間、アトリエや音楽の発表の場や創作空間、短期滞在型宿泊空間などが試みられた。

　これらの実験事業は、2006（平成18）年10月から翌年3月までの半年間、金沢市内の空き町家を2軒、金澤町家研究会が借り上げて実施したが、実施のプロセスにも多くの工夫が凝らされた。例えば、借り上げた町家の修理・清掃を、ワークショップとして位置づけ、多くの職人や一般市民を巻き込んでいる。ワークショップ参加者は、大工職人や畳職人から修復に関わる専門的な話を聞く場を設けるとともに、掃除ワークショップでは、障子の張り替え作業を体験と位置づけて実施した。

　その後、清掃・修復が完了した町家では、活用モデル事業として多くのイベントが実施された。地元大学の音楽サークルの発表の場やプロの演奏家によるコンサート、地元美大生のギャラリー展示、大人から子どもまで様々な人が集う交流サロン、町家のことがわかるセミナーが実施されている。

　活用モデル事業では、宿泊体験も行われている。宿泊料は1,500円で、寝具代および傷害保険料の実費である。水道やトイレはあるが、風呂はないため近所の銭湯を利用する。女性の利用者が多いのが特徴である。体験者の声は次のとおりであった。「建物の中に台所や風呂もないことで、家に居るだけではなく、外に出て近所のお店に入る、また銭湯に行く、そんなきっかけを通じ、自分たちだけの時間から周りの人と共有する時間ができていく。いつもの生活ではすれ違い、通り過ぎていくだけの人たちも、

図1. 金澤町家流通コーディネート事業の体系

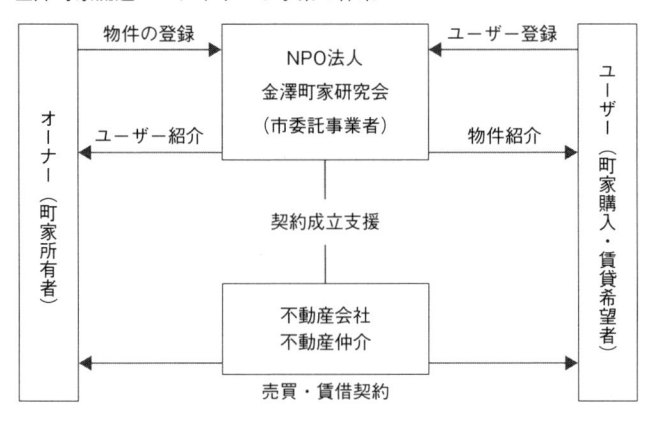

出典：NPO法人金澤町家研究会リーフレットより

　ここではつい話しかけたくなるような居心地の良さや人間味を深く感じることができた（20代女性）」「実際に町家に来てみると、まず部屋の土壁や雰囲気に圧倒されました。2階の窓や扉の一つひとつに雰囲気を感じました。と同時に古くなったから新しい建物にどんどん変えるのではなく、修繕しながらでも、この建物を残していって欲しいと思いました（20代女性）」など、過去のライフスタイルを新しい価値として再評価する声が多く聞かれた。

　この宿泊に関しては、その後、2009（平成21）年度に実施された「空き町家を活かした金澤町家ドミトリー」の実証事業に引き継がれていく。この事業は、金澤町家研究会が空き町家4軒を半年定期借用し、留学生2名と日本人学生1名を一つのユニットとし、共同生活の場として町家を活用するというものである。単なる学生同士の交流のみならず、地域住民との交流機会をつくることで、町家の活用のみならず学生を媒介としたコミュニティの再生、さらに大雪や災害時のよき協力者として期待されることが明らかになり、町家の意義を確認できた事業である。近年、シェアハウスを希望する人も多く、町家の新しい可能性を感じられる事業であった。

その他に、金沢市の委託事業として2011（平成23）年度から2012（平成24）年度にかけて「金澤町家流通コーディネート事業」が実施されている。2013（平成25）年度からは「金澤町家流通コンサルティング事業」と名称が変更されたが、内容はほぼ同様である。
　事業のしくみは、金澤町家の所有者と購入・貸家希望者に対して必要な情報発信や助言を行うとともに相互の調整を図り、金澤町家の流通促進を担う総合的な窓口事業を担うものである（図1）。町家を売りたい、貸したいという町家のオーナーは、建物を登録し、その際、建築士が現地調査を行い、平面図などを含むカルテを作成する。その後流通物件として情報登録を行う。一方で町家購入・賃貸を希望するユーザーは、町家利用希望者として登録し、条件や使用用途を確認した上で物件情報を適宜紹介しマッチングを行うというものである。基本的にインターネットなどで公開はされず、面談に限定されている。
　これを仲介するのが金澤町家研究会のメンバーで、大学教授や建築技術者など8名程度がコーディネーターとして業務を担当している。2011（平成23）年度から2013（平成25）年度まで、オーナー登録の総計は40件であるが、現在は15件程度であり、ユーザー登録者の総計は115件で現在は80件程度となっている。ユーザー登録者の多くは金沢市民で店舗兼住宅を希望している人がほとんどであるが、近年県外者の登録も増加している。
　成約は、2011（平成23）年から2年間で12組であり、住居、シェアハウス、アトリエ、コミュニティカフェ、ギャラリー兼住居などに利用されている。そして不動産仲介、売買業務は宅建協会から紹介してもらった不動産屋15社と連携している。営利事業の不動産業と町家保全の取り組みには相容れないところがあるが、事務局の古村氏によると、「一般の不動産業者の中には町家の保存に対して理解のない業者もいるが、活動を継続する中で町家の意義や商業的価値の認識も出てきたと感じる」という。
　さらに2012年（平成24年）度には、町家よろず相談が実施された。金澤町家研究会の多彩な人材と事業の蓄積から実現しているもので、町家に関するワンストップ窓口としての機能を高めるために、売買、賃貸、修理などあらゆる情報を網羅していくことが、町家の継承・活用を推進すると

考えられる。

4.5 交流活動事業について

また2008（平成20）年以降、町家を利用した交流事業として「町家巡遊」というイベントが継続実施されている。これは、2013（平成25）年9月で6回を数え、約1,500名から2,000名程度の参加のあるイベントに成長した。毎年テーマを設定し、2013（平成25）年度は、「町家としごと」というタイトルで、約80軒の町家で商売と営む店舗を掲載した「金澤町家巡遊ショップmap」が作成されるとともに、町家トークや町家見学会、町家人のたしなみなど8日間24種のイベントが企画実施されている。

町家トークでは、町家を活用した商業者による活用例が説明されたり、司法書士や不動産業者などから実践的な町家活用のレクチャーが行われている。町家見学会では、シェアハウスとして再活用されている町家の見学や、改修現場など普段見ることができない町家の裏側を見学する機会がつくられている。町家人のたしなみでは、庭や畳の手入れ方法、襖の張り替えなど職人から手解きを受けるワークショップが実施されている。

なお事業費は、マップに掲載する店舗から掲載料として6,000円を徴収するなど、140万円の総事業費の半分を掲載料から捻出され、半分は金沢市からの補助で賄われている。

4.6 広報活動事業

2006（平成18）年度から発行した町家だよりは2015（平成27）年4月現在第23号となっている。2011（平成23）年度にはHPとブログを大幅にリニューアルし、より見やすいものに変更、以降随時更新している。

また広報活動のひとつとして、2010（平成22）年から「優良金澤町家」の認定を行っている。これは外観に金澤町家の歴史的な様式をとどめている住宅を金澤町家研究会が「優良金澤町家」として表彰し、認定書と金沢美術工芸大学がデザインで協力した優良町家の表示プレートを配布するという制度である。金沢市ではすでに市独自の指定保存建造物の認定制度を持っており、その基準と整合性がとれないため金澤町家研究会が認定

を担った。町家の調査時やその他自薦他薦を随時受け付け、基本的に外観に金澤町家の特徴を有し、維持管理がなされて利活用されているものを中心に、2015（平成27）年4月現在、112軒が認定されている。しかし推薦があった家に出向くと、断られるケースもある。商売をする人はともかく、生活をしている人にとって観光化は望ましくないと拒絶するケースも見受けられる。

4.7 新しい主体の創出

流通活用事業で実施した町家ドミトリーの活動は、一般社団法人金澤町家ドミトリー推進機構として独立して事業に取り組むようになった。さらに建築士有志によってつくられた「つなぎ隊」が町家清掃をイベント化した「おくりいえプロジェクト」も実施されるようになった。これは取り壊しが決まった金澤町家をきれいに清掃して見送るというもので、多くの若者が趣旨に賛同して参加し、町家の意義などを知る貴重な機会となっている。

さらに金沢職人大学校を修了した職人たちが金澤町家研究会に所属しつつ、町家に関する相談を受けながら、修繕の依頼があった場合に対応できる技術者集団「LLP金澤町家」が2008（平成20）年に設立されている。このように金澤町家研究会の設立によって実施された新たな事業が、プロジェクトの進行につれて専門的に担う組織が生まれている。

4.8 金澤町家研究会の課題

このように金澤町家研究会は、多様な事業を行い、新たな組織を創り出し、順調のように見える。しかし一方で多くの課題がある。

まず挙げられるのは、不動産業との連携である。基本的に不動産業者は物件とユーザーとのマッチングが業務であり、手数料収入が減少する金澤町家研究会との連携はあまり積極的ではない。しかしながら金澤町家研究会が不動産業や仲介業を行うことは、目利きができないので現実的ではない。不動産業者はユーザーと物件を見抜く力を持っている。金澤町家研究会は、街の将来を見据えて取り組んでおり、多くの市民の共感を受けるこ

とができる。その互いの良さを活かしあいメリットを享受し合う協働の在り方を構築しなければいけない。

　また財政面でも課題がある。金澤町家研究会の事業は、多くが金沢市の委託事業で担われている。しかし広報啓発など非営利活動中心の事業では、収益が見込めない。金沢市との相互理解を維持しつつ、安価な下請けではなく、対等の関係の中で適切な委託費を獲得する必要があろう。また近年、金澤町家研究会に対する町家の寄贈があったという。現在この建物を改修し販売する予定とのことだが、今後寄付を受けやすくするためにも、相続税や所得税の減免措置がある認定NPO法人へステップアップすることも検討する必要がある。そして寄付を受けた町家資産を賃貸することで、家賃収入による運営費の確保という方法も考えられるのではないか。

5．今後の展望と課題

　金澤町家の支援については、官民それぞれが多様な取り組みを行いながら、制度の整備が進んできた。そして行政を補完しうるNPOの設立が劇的な変化をもたらしたといえる。金沢市と極めて良好な関係にある金澤町家研究会が、金澤町家に関して認知度を高める多様な取り組みをおこないつつ、ワンストップの相談窓口を実現させ、金澤町家研究会からスピンアウトしたドミトリー事業などを担う一般社団や技術者集団のLLP、不動産業などの組織と強固なネットワークで結びついている現状は、不動産事業の一部の不安を除けば、ほぼ理想的な体系を実現している。

　そうしたなかで、金澤町家が継承・活用される真の目的は何なのか今一度考える必要がある。金澤町家を地域資源として捉え、維持・活用することには異論はないだろう。

　ただし、総論賛成でも、町家での生活は当事者たちの住みよさとは逆行する部分もある。町家の価値を理解し、こうした利害を調整しながら、総合的に進められる人材が必要である。つまり高い意識を持った地域住民の市民力とその思いを実現する行政職員の政策立案能力、そしてこの２つの力をうまく重ね合わせるコーディネート力が必要なのであり人材の育成が

欠かせない。ここにNPOが重要な役割を担っている。

[注]
（1）古都保存法はその後、古都保存法の対象にならない都市にも国民共有の資産となりうる歴史的文化的資産の集積していることが指摘され、2008（平成20）年5月に「地域における歴史的風致の維持及び向上に関する法律」が制定された。
（2）本岡氏は単なる経済人ではなく、茶人でもあり郷土史家でもあり、文化人としての評価も高い。
（3）委員会は谷口吉郎東工大名誉教授、関野克東大教授、日本画家の東山魁夷画伯、今泉篤男国立近代美術館次長、中川善之助学習院大教授の5名で構成された。
（4）この動きは倉敷市、柳川市、高梁市、萩市など燎原の火のごとく全国に広がった。すなわち金沢は、経済界や学界などの発意のもと、地方自治体として独自に条例を設け、伝的環境を守ろうとした全国最初の市として評価されるべきであろう。さらにこの流れは1975（昭和50）年文化財保護法を改正につながり、「伝統的建造物群保存地区」を新たに付け加え、集落町並みの保存に乗り出していく。2013（平成25）年12月までに文化庁により「伝統的建造物群保存地区」に指定された地区は、86市町村で106箇所（合計面積約3,733ha）であり、約2万5,700軒の伝統的建造物および環境物件が特定され保護されている。
（5）金沢市の施策については、2013（平成25）年12月12日に行った金沢市歴史建造物整備課の中村和宏氏と相澤健一氏のヒアリングと配布資料を中心にまとめた。
（6）定義については、これまで行われてきた町家支援制度の対象を参考にしており、1998（平成10）年以降実施された伝統的建造物修復支援事業では、「戦前の建築で都市景観の形成に寄与する建築物」、2002（平成14）年以降実施されたまちなか住宅リフレッシュ支援事業では「1945（昭和20）年以前に建てられた住宅（2009（平成21）年10月より、要件

を1950（昭和25）年以前に緩和）」を対象とし定義が異なっていたため、最終的に整合性を図り、2008（平成20）年以降は、金沢町家継承・利用活用化基本計画にある「建築基準法施行時の1950（昭和25）年以前の歴史的建築物」という定義が一般化された。
（7）決算書では、事業費に金沢学生のまち市民交流館修復費 7,484千円や長町土塀修復費4,998千円、旧平尾家住宅調査解体費 700千円が含まれており、単なる教育施設ではなく、学んだ技術を活かす実践の場として機能していることがわかる。
（8）特定非営利活動法人金澤町家研究会の組織と事業内容は、2013（平成25）年12月2日に行った法政大学現代福祉学部の水野雅男氏（元金澤町家研究会理事）と2013年12月7日に行った金澤町家研究会事務局の古村尚子氏のヒアリングと配布資料を中心にまとめた。
（9）活動内容の詳細はNPO法人金澤町家研究会「金澤町家魅力と活用法」（2015）を参照。

[参考文献]
伊藤修一郎「先行自治体の政策過程分析－金沢市と神戸市による景観条例制定を事例として－」『論叢現代文化・公共政策』Vol.2、2005年。
金沢市歴史建造物保存課「金澤町家継承・利用活性化基本計画」2008年。
金沢市歴史建造物整備課「金澤町家をまちに暮らしに活かす」2013年。
金沢市歴史建造物整備課「金澤町家保全活用推進基本方針」2013年。
NPO法人金澤町家研究会「金澤町家魅力と活用法」能登印刷、2015年。
金沢市伝統環境保存条例制定20年のあゆみ　金沢市都市建設部緑と花の課、1988年。
川上光彦「地方都市の再生戦略」学芸出版社、2013年。
地域経済ニューズレター CURES 第91号　金沢大学人間社会研究域附属地域政策研究センター、2011年。
宗田好史「町家再生の論理」学芸出版社、2009年。
山出保「金沢の気骨－文化でまちづくり」北國新聞社、2013年。
金沢職人大学校ホームページ　http://www.k-syokudai.jp/index.html
文化庁ホームページ　伝統的建造物群保存地区　http://www.bunka.go.jp/bunkazai/shoukai/hozonchiku.html

第 5 章

歴史的町並みの再生から観光への展開
埼玉県川越市を事例に

1. 地域資源としての歴史的町並みと観光
1.1 地域における観光まちづくり

　観光振興は地域活性化の手段としての有効性が期待され、これまで多くの自治体において重点施策に位置づけられてきた。バブル経済崩壊以前のマス・ツーリズムが主流であった時代では、リゾート法に象徴されるように全国各地の自治体が大型投資による大規模な観光施設の開発を競うことになった。しかしながら、バブル経済崩壊後は大規模な観光施設の破綻が続出し、自治体に大きな財政負担を課す結末となった。それでも基幹産業の衰退、人口減少と高齢化に悩む自治体は、観光振興による地域活性化への期待は大きく、観光に地域経済・社会の活路を求めているのが現状である。ただし、バブル時代の観光振興とは異なるのは地域の身の丈にあった観光のあり方を追求していることであろう。いわゆる「観光まちづくり」と呼ばれる自治体の取り組みである。観光まちづくり推進のポイントについて、国土交通省観光政策審議会は次のように指摘している。

　「観光客が訪れてみたい『まち』は、地域の住民が住んでみたい『まち』であるとの認識のもと、従来は必ずしも観光地としては捉えられてこなかった地域も含め、当該地域の持つ自然、文化、歴史、産業等あらゆる資源を最大限に活用し、住民や来訪者の満足度の継続、資源の保全等の観点から持続的に発展できる『観光まちづくり』を、『観光産業中心』に偏ることなく、『地域住民中心』に軸足を置きながら推進する必要がある」（「21世紀初頭における観光振興策〜観光振興を国づくりの柱に〜」（国土交通省観光政策審議会、2000））

　このように現在の観光振興策は、バブル時期のようにいかにして大きな資本を地元に誘致して大規模な観光地開発を行うかということよりも、住民参加を主体として地域資源の有効活用を図ることによって地域の魅力を引き出し、来訪者の増加を図ることが重要となっており、観光振興はまちづくりと一体となって推進されている。本章では、川越市における蔵造りの歴史的町並みの保存・活用の取り組みを事例として取り上げ、歴史的価値を生かしたまちづくりが商業再生、そして観光振興へと展開していったことを紹介し、歴史的町並み空間を舞台とした観光を需要と供給の両面か

ら分析する。

1.2　地域資源としての古民家・歴史的町並み

　高度経済成長期における都市化の進展は地方の長期的低落傾向をもたらしてきたが、1990年代以降少子高齢化、グローバリズムの進展、経済の成熟化と低迷などは、地方経済の衰退にさらに追い討ちをかけている。全国各地で地域経済・社会の活気が失われ、地域再生・活性化を模索しているところが多い。財政制約が極度に強まり、かつてのような大規模開発による地域経済への梃入れはきわめて厳しい状況にあり、頼りにすることは難しい。また、大規模開発による地域活性化は環境破壊など様々な弊害をもたらす恐れがあり、必ずしも望ましい方向であるとはいえないことが自明となってきた。

　地方の空洞化・衰退が著しいことはいうまでもないが、成熟経済・人口減少時代に突入し、都市部においても衰退の危機に晒されている地域は少なくない。実際に、高度経済成長期に発展した大都市郊外のニュータウンでも超高齢化が進展し、空き家団地の増加、商店街の空洞化などの現象が起こっているのが現状である。

　このような地域経済の衰退は、工場撤退に伴う失業者や工場跡地、農業崩壊による耕作放棄地、商店街衰退による空き店舗など、様々な地域資源の遊休化をもたらしている。また一方では、地元の人たちには日常生活の中に当たり前のように存在してきたため、地域資源として気付かなかったが、豊かな自然や環境、文化などに恵まれ、他の地域の人たちからみれば希少資源として認識されるような埋もれた地域資源も存在する。

　大規模開発による地域活性化が困難な中で、地域経営という視点から地域資源を有効かつ効果的に利用して、地域再生を図るという方向性を探る地域が多く存在する。古民家や歴史的町並みもその地域資源の1つである。後述する川越の例では、江戸時代から昭和初期の歴史のある建物が負の遺産として扱われることもあったが、地域資源として活用することによって社会的価値や経済的価値を地域にもたらし、地域活性化の源泉となっている。

1.3　歴史的町並みと観光欲求

　古民家や空き家を観光、まちづくり、公共施設などに活用したり、歴史的町並みを保存・再生し、観光客の増加に結びつけようとする動きが各地で見られる。古民家や歴史的町並みが誘客機能を有するのは、そこに行きたいというニーズがあるからである。一方で、古民家や歴史的町並みを訪ねたときに感じる一種特殊な感覚は、どこから来るのであろうか。現代都市社会の喧騒的な日常生活の中から一時的にでも逃れられたことへの安堵感にあり、このことが古民家や歴史的町並みを訪れたいというニーズにつながるものと考えられる。古民家や歴史的町並みで体感する安堵感は、「ふるさと」のような空間を希求する人間の本能的行動の現れであると思われる。

　動物は先天的に帰巣能力を備え、本能的に帰巣行動を示すといわれる。帰巣とは、動物が特定の場所へ戻ることをいうが、人間も動物と同じで帰巣本能を持っているのではなかろうか。重岡［長谷川・重岡・荒桶2004］は、「帰巣生活空間」という概念を定義し、人間には動物行動と類似する帰巣性を本能的に有し、そこから「ふるさと」を人間と空間との関係から意味づけしようとする。

　重岡は、帰巣生活空間を次のように定義する。帰巣生活空間は、「住民と地域社会の関係を顕わす概念であり、人間と生活空間との間に心身的な一体感を構築している／していた空間」［長谷川・重岡・荒桶2004］と定義する。また、帰巣生活空間としての地域社会には２つの様相があると考える。第１の様相は、現住している地域社会を帰巣生活空間と考えることができるということである。居住地域を通勤・通学の理由で一時的に居住地域外に転出し、再びＵターンして戻ってくるケースであるが、一時的といってもそのタイム・スパンには幅がある。日常的な通勤・通学のように日々の出来事である場合もあれば、留学や旅行、入院などでは数日あるいは数週間居住地域を離れることもあれば、場合によって数か月や数年に及ぶこともある。いずれにしても現住地域社会として帰巣生活空間は、基本的な生活空間であり、人々が日常生活において安息できる中心的な場である。第２の様相は、帰巣生活空間は「ふるさと」としての地域社会を指す

というものである。仕事や結婚などを理由として幼少期を暮した地域から他の地域に転出し移住すると、移住前の地域は「ふるさと」と呼ばれる。「ふるさと」は、親兄弟や幼馴染がいる地域であったり、またそのような関係者がもうすでに残っていないとしても懐かしく郷愁を覚える地域である。

　社会経済活動が活発化し、また広域化するに伴い、移住や転出の頻度が高くなっていくと、現住地域社会に対する帰巣生活空間は「ふるさと」へと転化する機会が増えてくる。また、帰巣生活空間である「ふるさと」に対する回帰性は、その人の転出前における当時の現住地域社会との関係性が強くなればなるほど強まると考えられる。

　「ふるさと」の環境や景観、生活文化などは、回帰性涌出の源泉になるといえるだろう。その「ふるさと」が、資本の理論から戦後の国土開発や経済成長に伴う都市開発から取り残され、昔ながらの景観や街並みが残るところは貴重な存在である。むしろ我が国の多くの地域では経済成長とともに「新しさ」や近代化することを求めて、伝統的民家などの歴史的建造物は破壊され、消失させてしまったのである。古きものと新しきもの、あるいは伝統と近代化という対比で考えてみると、「ふるさと」は古きものあるいは伝統の姿を描写し、人々に懐かしさや過去への憧憬の念を呼び起こさせるのである。このように帰巣生活空間論における生活空間は、地域的・面的な広がりとして捉えることができるが、同時に過去へ遡る時間的空間として捉えることもできる。すなわち、タイムスリップしたような感覚である。そして、面的に展開した帰巣生活空間も時間軸で捉えた帰巣生活空間も懐かしさや郷愁という共通の概念と結び付き、回帰性湧出の源泉に深みを持たせるのである。

　ここまで「ふるさと」と呼ぶべき存在は、空間的にも時間的にもその個人と関係性があった地域であった。古民家、歴史的町並み、そして伝統文化などは、「ふるさと」を投影した姿として多くの人々の目や心に映るため、そこに居住した経験がなくても、懐かしい場所、懐かしい時へ帰ってきたような、一種の落ち着き感や安らぎを与える存在となっている。古民家や歴史的町並みは、様々な人々にとって「ふるさと」を彷彿させる場で

あり、人々にとって現在に投影された帰巣生活空間に戻ったという帰巣本能を充足させる価値があるものとなる。古民家を再生したカフェやギャラリーに入ると、落ち着き、やすらぎを体感するのは、過去の生活空間がやすらぎの場所の原点であったことを本能的に感じのではなかろうか。

　以上みてきたように、古民家、町屋、伝統文化などの古きところを訪ねるということは、たとえそこを一度も訪れたことがなかったとしても、懐かしい場所へ帰ってきた、あるいは懐かしい時へ帰ってきたという感覚を誘引し、落ち着き感や安心感が得られるのである。本章で紹介する川越は、江戸時代から昭和初期の昔懐かしい町並みを再現し、人々の帰巣本能に訴求することによって潜在的観光ニーズを顕在化させることに成功した事例といえる。川越市の観光アンケート調査の結果（図１）をみても約６割の観光客は50歳以上であり、その懐かしさに共感を得られるのは中高年層が圧倒的に多いといえる。

図１．　川越市年齢別観光客数の割合

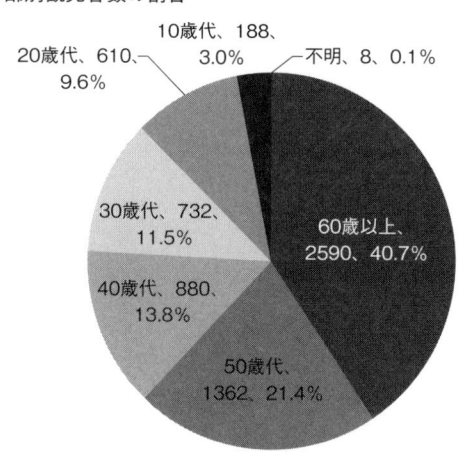

- 10歳代、188、3.0%
- 不明、8、0.1%
- 20歳代、610、9.6%
- 30歳代、732、11.5%
- 40歳代、880、13.8%
- 50歳代、1362、21.4%
- 60歳以上、2590、40.7%

出典：川越市観光アンケート調査報告書（平成25年度）

2．川越における歴史的町並み保存・活用の取り組み

2.1　川越市の概要

　川越市は、埼玉県のほぼ中央に位置し、東西に16.3km、南北に13.8km広がり、面積は109.2km²あり、人口は約35万人の中核市である。都市から電車で約1時間の距離にあり、ベッドタウンとして成長・発展してきた市であるが、近郊農業、流通業、商工業、観光なども盛んである。

　江戸時代は川越藩の城下町として栄えた都市で、城跡・神社・寺院・旧跡・歴史的建造物が多く、関東地方では神奈川県鎌倉市、栃木県日光市に次いで文化財の数が多い。歴史まちづくり法により、国から「歴史都市」に認定されている。戦災や震災を免れたため歴史的な町並みが残っており、人口約35万人の都市に年間約620万人もの観光客が訪れる観光都市となっている。

2.2　歴史的町並みの特徴

　川越の蔵造りは、日本の伝統的な耐火建築である土蔵造りの商家で、その多くは主に1893（明治26）年の川越の大火後に建築されたものである。戦後、洋風建築がはやるようになると、川越でも、トタン塀等でわざと蔵を隠し洋風に見せるということも行われたが、近年、江戸情緒を現代に伝える町並みとして、脚光を浴びるようになった。1999（平成11）年12月に蔵造りの町並み周辺の地区が重要伝統的建造物群保存地区に選定された。

　この蔵造りの町並みの中には、蔵造りの中を見学できる市立の「蔵造り資料館」や、江戸時代に建てられた国の重要文化財「大沢家住宅」など、様々な蔵造りの商家が軒を連ねている。

　町並みのシンボルとなっているのが、「時の鐘」である。寛永年間（1624～1644）に川越藩主酒井忠勝によって建築されたものであるが、現在の時の鐘は1893（明治26）年の川越大火後に再建されたもので、4代目となっている。400年近く川越のまちに時を知らせてきたこの鐘は、1996（平成8）年7月に環境庁（現環境省）の「残したい日本の音風景百選」に選定された。

2.3 歴史的町並み保存・活用の経緯

①地域資源消失の危機

　川越は城下町として栄えた都市で城跡・神社・寺院・歴史的建造物等が関東地方の中でも多く残っている都市である。しかしながら、戦後経済成長の中で都市開発か歴史的遺産の保存かというまちづくりのあり方について二者択一的な選択に迫られることになる。地域住民は歴史的遺産の保存を選択するわけであるが、この選択が川越の地域アイデンティティを確立し、地域の魅力を高め、訪れたい都市の形成へと導いていった。ここでは、川越における歴史的町並み保存・活用の取り組みの経緯を紹介していく。

　1960年代に商業の中心が駅前に移行し、川越一番街商店街は徐々に衰退し始めた。歴史的な蔵造りの町並みを保存する動きは、1970年代に入り文化財保護の視点から行政主導で進んだ。しかし、これは歴史的建築物単体を点として保存する取り組みであり、高層マンション計画などによって伝統的景観が失われていくことに対応することはできなかった。

　外部の建築専門家からは川越の蔵造りの店舗は建築物として歴史的価値

写真1．　町のシンボル「時の鐘」

を持っていると高い評価を得ていた。しかしながら、蔵の所有者にとっては、その保存意義よりも商売にとっては負担の重さが大きな問題であった。蔵の老朽化や機能的不便さに加えて、維持費用がきわめて高かったからである。蔵造りの店舗の歴史的価値を認めていた外部の専門家や、その考え方に賛同した商店街の店主たちは、このような蔵の所有者の認識が町の歴史的価値の破壊を招く恐れがあるという危機意識を持つことになる。

　まず最初に危機意識を鮮明にしたのは、外部の建築専門家たちであった。きっかけは、1971（昭和46）年に旧万文（旧小山家。1893（明治26）年、建築の煙草卸商の店蔵。現在の川越市蔵造り資料館）の取り壊し計画の話が持ち上がったことである。これに対して、町並み保存を提言する外部の建築家や研究者たちが取り壊し反対の運動を起こし、これに刺激を受けた地元有志からも反対運動が起こった。蔵を残してほしいという要望が出されたことにより、市は旧万文を買い取り、蔵造り資料館として活用することになった。

写真2．　川越市蔵造り資料館（旧万文）

②町並みの景観保存運動への発展

　旧万文取り壊し問題については外部の専門家たちによる蔵造り保存の働きかけや、地元有志たちの運動により、蔵造り保存の成果は得られたが、まだ商店主の理解を幅広く得られるまでには至っていなかった。そこで川越青年会議所も蔵の保存を呼びかける啓蒙活動を始め、蔵造りの店舗の前で昔の生活を再現するイベントを行ったり、建築家や研究者を招いた講演会などが実施された。さらに、日本建築学会関東支部が街区保存計画の提案コンペを実施し、関心は内外へ広まることになる。個々の歴史的建造物を守るという危機意識の顕在化当初の動機とは異なり、町並みの景観保存へと動機が点から面の保存へと発展することになる。

　蔵造りの町並み保全活動に重要な役割を果たしたのが、1983（昭和58）年に発足した「川越蔵の会」（以下、蔵の会）である。川越市一番街商店街の若手の商店主たちが中心となり、建築やまちづくりの専門家、個人的興味で参加した市役所若手職員とともに勉強会を行ったのが「蔵の会」の始まりである。

　「蔵の会」は、文化財優先の町並み保存から転換し、「商店街の活性化による景観保存」という理念のもと蔵造りの保存活動に乗り出した。この理念転換は大きな意味を持っていた。すなわち、商店街の活性化を通じて町並みの保全が実現し、また町並み保存が商店街の活性化に寄与することがなければ、町並み保存は実現しないと考え、その結果、商店街の活性化と町並み保存の両立を目指すまちづくりに取り組むことになる。

　もう1つ「蔵の会」の重要な意義は、それまでの文化財保護運動は行政が主導的役割を果たしてきたのに対して、住民主体の運動に変わったことである。「蔵の会」は、川越一番街商店街に対してまちづくり活動に取り組むよう助言し、後述するコミュニティマート構想事業への応募と「町並み委員会」設立へと結実した。それまでの行政主導型保存運動は、地域住民の意思を反映することができなかったため、問題を解決するに至らなかった。一方、住民主体のまちづくりは住民が主体的に関与することによって住民が責任を持って遂行することができる。行政は主導的役割から情報提供や助言など住民の活動をサポートする役割に変わったのである。

1985（昭和60）年に中小企業庁の「コミュニティマート構想」事業を契機に川越一番街商店街が具体的なまちづくり構想に着手し、1987（昭和62）年に商店街組織が中心となった「町並み委員会」[1]を発足させた。「町並み委員会」は、商店街が締結した「町づくり規範に関する協定書」（1987年4月）にしたがって協議を重ね、1988（昭和63）年に景観形成のルールともいえる「町づくり規範」（表1）を決定した。この規範は、規制・基準ではなく、住民やまちづくりに関わる様々な主体が創意工夫をもってまちづくりに参加するためのまちづくりのルールブックである。店舗を改修・修復する場合には計画概要を町並み委員会に自主的に提出し、審査を受ける。また審査の対象も一番街商店街加盟店だけでなく、コンビニ、郵便局、民家など景観に関わるすべての建造物に及ぶものとなっている。

　歴史的建造物の点的保存から面的保存への動きは、1975（昭和50）年の文化財保護法改正によって歴史的集落・町並みの保存制度が確立されたことにより後押しされるはずであったが、必ずしも現実はそうはならなかった。改正された文化財保護法では、「周囲の環境と一体をなして歴史的風致を形成している伝統的な建造物群で価値の高いもの」（第2条）を「伝統的建造物群」として定義して、新たに文化財の種別に加えた。また、「伝統的建造物群及びこれと一体をなしてその価値を形成している環境を保存するため」（第142条）、市町村が「伝統的建造物群保存地区」（以下、伝建地区）を決定し、さらに文部科学大臣は「市町村の申出に基づき、伝統的建造物群保存地区の区域の全部又は一部で我が国にとってその価値が特に高いものを、重要伝統的建造物群保存地区として選定することができる」（第144条）としている。重要伝統的建造物群保存地区（以下、「重要伝建地区」）には全国41都道府県84市町村の3,696.5ha（2013年8月時点）が選定され、選定された地区については国からの補助金等の支援を受けることができる。川越では文化財保護法が改正された1975（昭和50）年に伝統的建造物群保存対策調査が実施されるが、すぐには伝建地区、重要伝建地区の選定とはならなかった。重要伝建地区に選定されれば、景観の保存、修景のための補助金を得ることができるなどのメリットはあるが、同時に様々な制限を受けるからである。結局、川越の蔵造りの町並みが伝

建地区に決定し重要伝建地区に選定されるのは1999（平成11）年であり、保存対策調査の実施から25年近くを要することになる。

　伝建地区及び重要伝建地区の指定までは時間を要したが、蔵の町並み保存の動きは市民活動へ展開していく。その中心となったのが、「十ヵ町会」である。1992（平成4）年に市は伝建地区指定を前提とした都市計画道路の変更案を再度提案したが、結果的に合意形成されるには至らなかった。しかし、これを契機に周辺地区の自治会長らが集まった「十ヵ町会」が1993（平成5）年に発足した。十ヵ町四前門と呼ばれる旧城下町地区の12自治会の自主的な勉強会であるが、住民を巻き込んで景観問題や伝建地区の検討が始まった。研究部会として町並み景観専門委員会、商業活性専門委員会、生活文化専門委員会が設置され、町並み景観専門委員会で景観や伝建についての勉強会やワークショップが行われた。十ヵ町内全住民対象としたアンケート調査も実施され、「どのような町づくりを目指すか」という設問に対して回答者の約8割が「歴史的町並みを後世に残し、住み続けられる環境を大切にする」と回答し、伝建制度を受け入れることができるまでに住民意識が到達していることが示された。こうした共感が得られた背景には、景観委員会が「町並み景観通信」を発行し、ワークショップの内容やアンケート結果など全住民向けに配布し、理解を得るための努力をしてきたことにある。十ヵ町会は、このようなワークショップ等の検討を経て、1997（平成9）年に伝建地区指定に関する要望書を市へ提出する。

　商店街を核とする「町並み委員会」でも同様のワークショップが実施され、結果、一番街商店街として伝建地区指定の要望書を提出することになった。

表1．　川越一番街の「町づくり規範」

【都市規範】 　A．基本目標 　　1．固有な都市川越　　2．市街地へ貫入する緑の強化 　B．川越市街地全体の構成 　　3．固有な性格を持った地区が共存する　　4．通過交通を排除する地区を確保

C．北部市街地の構成
　　5．旧城下町地区を自律的なコミュニティとしてたてなおす　　6．固有な性格を持った地区を適切な境界で画する　　7．近隣単位としての一番街　　8．近隣単位に境界
D．地区単位相互を関連づける
　　9．通過交通は外周路へ　　10．子育てのネットワーク　　11．便利でわかりやすい公共交通機関
E．地区環境を守るための原則を立てる
　　12．建築の高さは3階が限度　　13．駐車場は小規模なものを分散配置　　14．主要な通りを生活の場に取り戻す　　15．神聖な空間の保存　　16．年齢バランスのとれたコミュニティ
F．中心をたてなおし、賑わいを取り戻す
　　17．賑わいの結節点を布石する　　18．回遊路（プロムナード）　　19．夜の戸外生活も楽しく
G．街区を再生する
　　20．様々なライフステージの家族が隣り合う　　21．住宅群を段階的に構成する　　22．鰻の寝床に町家　　23．高齢者が安心して住める町
H．町の社会経済活動を高める
　　24．職住一体　　25．コミュティ活動の拠点づくり　　26．個人商店が集まって商店街を作る　　27．空地・空家を手早く活用
I．交通施設を整備する
　　28．歩行者と車のネットワーク　　29．歩車共存の工夫　　30．子供の領域を確保する
J．外部空間を形づくる
　　31．祭りの舞台にもなる空間づくり　　32．静けさをネットワーキング　　33．身近に緑　　34．ポケットパーク　　35．登ってみれる高いところ　　36．神聖な場所へ至る空間秩序
K．点的施設を配置する
　　37．外部空間にさまざまな意味・機能をさらに重ねる　　38．併用住居としての町家　　39．基本としての個人商店　　40．人の集まるスポット

【建築規範】
A．建物・町並みは群で構成する
　　41．建物は一体ではなく棟に分けて　　42．高さは周囲を見てきめる　　43．空地をできるだけ残す　　44．主要な棟や建物が目立つように　　45．駐車場はなるべく車が見えないように
B．建物・棟の配置
　　46．外部空間が日だまりになるように　　47．中庭を生み出すよう棟を配置　　48．自然採光が受けられるよう棟は細く長く　　49．棟（建物）は次々と連結する　　50．四間・四間・四間のルール
C．建物の内と外をつなぐ
　　51．玄関と街路の間に中間的空間　　52．中庭をいかす　　53．屋根のある建築　　54．屋根に庭
D．街路等の外部空間が人々の社会生活の場となるように
　　55．建物の正面に連続させて街路空間を形づくる　　56．庇下空間を開放し、連続させる　　57．次々に興味を引く街路景観を演出する　　58．街路・広場の縁は小さな溜まり場で囲む　　59．広場は要となるものを置く
E．店づくり
　　60．入りやすいショップフロント　　61．ウィンドウ・ショッピング　　62．中庭を店づくりに生かす　　63．接客＋店番コーナー
F．構法・仕上げ
　　64．伝統構法を活用しよう　　65．材料は自然的素材、地場産を優先　　66．色は無彩色を基調に　　67．建物をいかす看板

出典：町並み委員会「川越一番街町づくり規範」

3．川越における歴史的町並みの観光への効果
3.1　川越市の観光の現状

　川越市内の観光は時の鐘、蔵造り博物館、多くの蔵造り店舗等の「蔵造りゾーン」、川越城本丸御殿、博物館・美術館等の「川越城本丸御殿ゾーン」、喜多院、仙波東照宮、成田山別院等の「喜多院ゾーン」の大きく3つのゾーンに分かれ、古さと新しさを兼ね備えた町並みとなっている。また、観光資源を種類別に分類すると（図2）、第1に蔵造りの町並み、時の鐘などのような歴史的観光資源、第2に小江戸蔵里、仲町観光案内所など新たに整備された観光資源・観光施設、第3に川越いも、川越唐桟などの名物・物産品、第4に小江戸川越春まつり、小江戸川越花火大会、川越まつりなどのイベントがあり、地域アイデンティティを有する観光資源は豊富に存在する。

　図2．　川越の観光資源

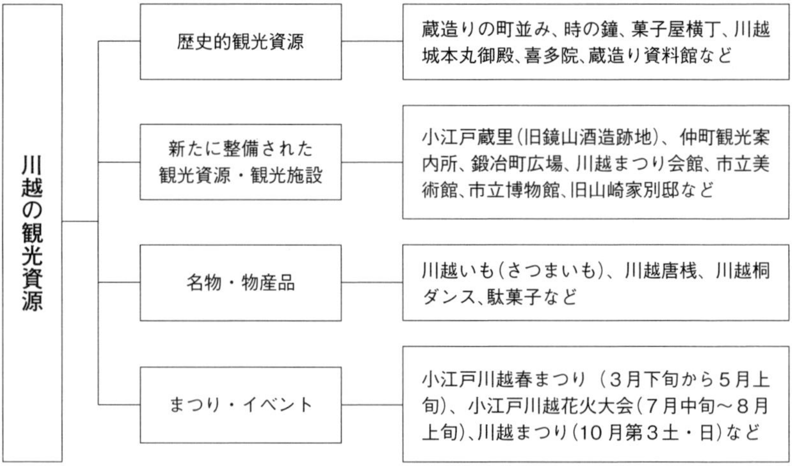

川越の観光資源	内容
歴史的観光資源	蔵造りの町並み、時の鐘、菓子屋横丁、川越城本丸御殿、喜多院、蔵造り資料館など
新たに整備された観光資源・観光施設	小江戸蔵里(旧鏡山酒造跡地)、仲町観光案内所、鍛冶町広場、川越まつり会館、市立美術館、市立博物館、旧山崎家別邸など
名物・物産品	川越いも(さつまいも)、川越唐桟、川越桐ダンス、駄菓子など
まつり・イベント	小江戸川越春まつり（3月下旬から5月上旬）、小江戸川越花火大会（7月中旬～8月上旬）、川越まつり(10月第3土・日)など

出典：川越市資料より筆者作成

　川越が観光都市として注目されるきっかけとなったのは、1989（平成

図3．川越市入込観光客数の推移

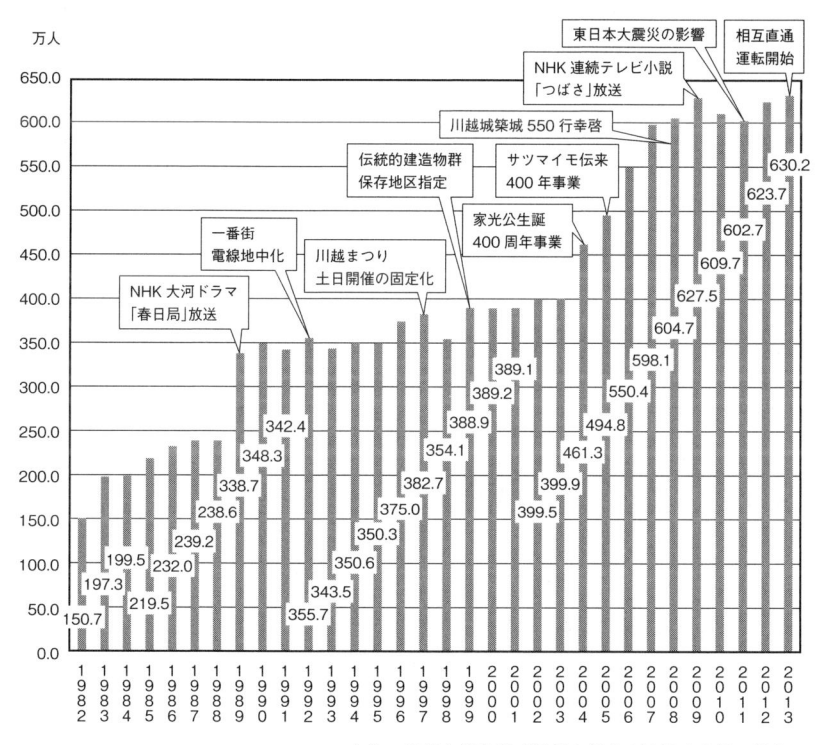

出典：川越市観光課「川越市観光入込観光客数の推移」

元）年に放映されたNHK大河ドラマの「春日局」である。同番組の放映効果で喜多院を巡る観光がブームとなり、官民が一体となって観光振興に取り組むようになった結果、年間入込観光客数が約240万人から約340万人へと一挙に100万人も増加した（図3）。その後も、官民一体となって観光施設の整備を進めるなどの観光振興に取り組み、観光客数は年々増加を続け、2008（平成20）年に600万人を突破し、現在に至っている。外国からの旅行者も増え、町並みを散策している姿をよく見かける。川越市の調査[2]では、現在、外国人観光客数は年間4.5万人（2013年）となっており、2007（平成19）年の3.1万人と比べると45％増である。また、

ニューヨーク・タイムズ紙の「2009年トラベルガイド」では川越特集が企画され、海外の旅行ガイドブックでも紹介されるほど、世界的にも観光地として知られるようになっている。

3.2 歴史的町並み創出の観光への効果

　川越の観光客数が急増した背景は、NHK大河ドラマの放映によって脚光を浴びるようになったことにある。しかし、放映の終了とともにブームも冷めてしまうというのがよくあるケースである。川越の観光が一時的なブームに終焉しなかったのは、行政を中心とする観光振興策と同時に、前節でみてきたような歴史的価値を見直して町並み保存を進めた取り組みにあったといえる。

　川越一番街商店街は、商業都市として発展してきた川越の中心地であった。しかし、1960年代に川越駅及び本川越駅周辺の開発により商業機能がそちらに移行したことにより、一番街商店街は衰退し、人通りの少ない町並みとなっていた。地域の基幹産業である商業の衰退は、地域の活力と個性を奪い、地域の魅力を喪失する要因となり、観光客のより一層の減少につながる悪循環を生み出すことになる。

　1980年代に入って本格化する川越の歴史的価値を生かした町並みの創出は、町の景観を趣のあるものに変えると同時に、個々の店舗の魅力を引き出すことになり、観光客の増加をもたらし、商店街の再生に成功したといえる。古い民家や商家、蔵などは、そのままでは廃れた建物のままであるが、少し手を加えれば趣のある魅力的なギャラリー、カフェ、レストランなどに変化させることができる。川越では交流人口の拡大を契機として古い建物を修繕・改築したカフェなどもできて、観光客の休憩場ともなっている。都心から電車で1時間圏内にあり、気楽に来られることも観光地として人気を博している要因である。

　川越はもともと観光資源に恵まれた地ではあったが、歴史的町並みを保存・活用することによって他の地域にはない個性的で魅力のある空間を創出した典型的な例である。1.3でみたように、歴史的町並み空間の創出によって時間軸を戻るような体験ができるのは、人々の帰巣本能に訴えるも

図4. 川越観光の立ち寄り地

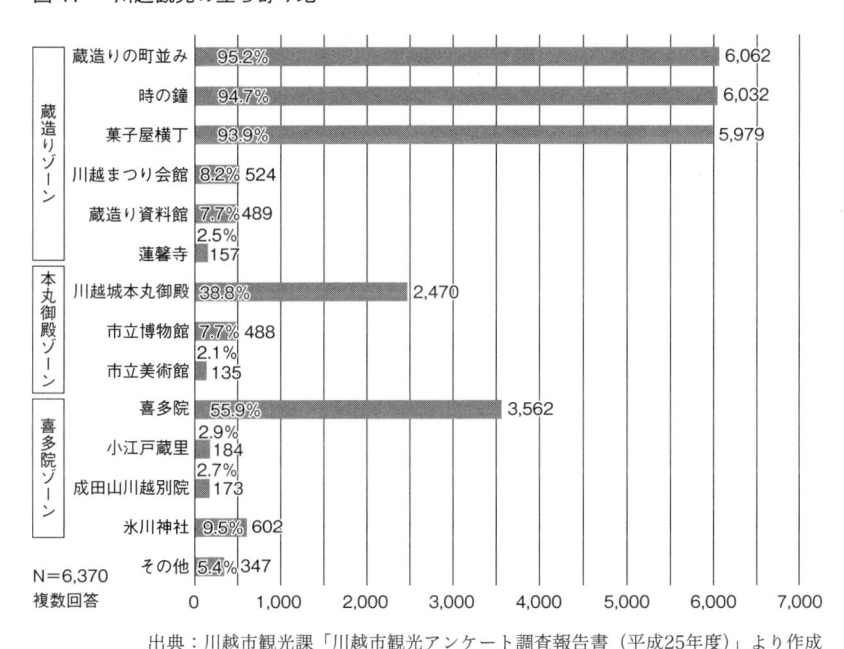

ゾーン	場所	割合	人数
蔵造りゾーン	蔵造りの町並み	95.2%	6,062
蔵造りゾーン	時の鐘	94.7%	6,032
蔵造りゾーン	菓子屋横丁	93.9%	5,979
蔵造りゾーン	川越まつり会館	8.2%	524
蔵造りゾーン	蔵造り資料館	7.7%	489
蔵造りゾーン	蓮馨寺	2.5%	157
本丸御殿ゾーン	川越城本丸御殿	38.8%	2,470
本丸御殿ゾーン	市立博物館	7.7%	488
本丸御殿ゾーン	市立美術館	2.1%	135
喜多院ゾーン	喜多院	55.9%	3,562
喜多院ゾーン	小江戸蔵里	2.9%	184
喜多院ゾーン	成田山川越別院	2.7%	173
	氷川神社	9.5%	602
	その他	5.4%	347

N=6,370 複数回答

出典：川越市観光課「川越市観光アンケート調査報告書（平成25年度）」より作成

のであり、潜在的ニーズは強いと考えられる。年間600万人を超える観光客で賑わう川越であるが、観光客の立ち寄り場所をみると、9割以上は蔵造りゾーンの蔵造りの町並み、時の鐘、菓子屋横丁のような歴史的町並み地域を訪問しており、川越観光の主要な目的地となっていることが分かる（図4）。

4．歴史的町並みの創出プロセスと観光まちづくり

　川越における歴史的町並みの保存・活用の活動は、同時に観光まちづくりの取り組みであった。歴史的町並みの保存・活用が観光まちづくりにつながるのは、歴史的町並み保存・活用活動がもたらす社会的効果にあるといえる。すなわち、歴史的町並みの保存・活用は過去の町並みを現代に投

影した空間を創出するに止まらず、その地域社会に様々な影響をもたらすのである（図5）。歴史的町並みの保存は、観光欲求を刺激し、訪れてみたいという気分にさせる。供給サイドは、そうした需要を呼び込むような取り組みが重要であり、それがなければ潜在的需要に終わってしまい、潜在的需要は顕在化せず観光行動は発生しにくい。蔵の会が「商店街の活性化による景観保存」とうたったように、歴史的町並みは整備しても観光客が来るのを待つという待ちの姿勢でいるのではなく、商店街の活性化と歴史的町並みの保存は同時並行的に進めることが必要である。川越一番街商店街の歴史的町並みの保存活動は基幹産業である商業の再生と両立させ、商店街への来訪者の拡大をもたらしたのである。交流人口の拡大は、観光客と地元住民との交流を活発にし、様々なシーンが繰り広げられる。観光客は、歴史的町並み、景観、伝統文化等のありのままの姿に魅力を感じるとともに、地域住民のホスピタリティに触れ、感動し、愛着を持つようなり、リピーターとなる場合も少なくない。川越の場合には、半分は初めての観光であるが、残りの半分はリピーターであり、4回目以上の観光となるのが約2割である（図6）。

図5．歴史的町並み保存・活用の効果

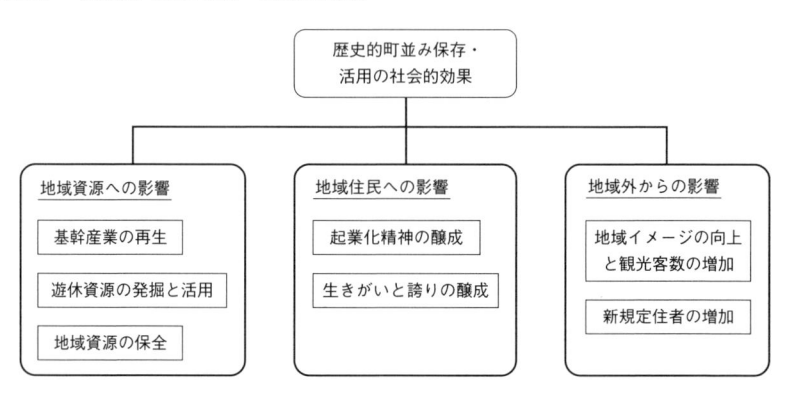

```
                    歴史的町並み保存・
                    活用の社会的効果
         ┌──────────────┼──────────────┐
   地域資源への影響      地域住民への影響      地域外からの影響
   ┌──────────┐       ┌──────────┐       ┌──────────────┐
   │基幹産業の再生│       │起業化精神の醸成│     │地域イメージの向上│
   └──────────┘       └──────────┘       │と観光客数の増加│
   ┌──────────────┐   ┌──────────────┐   └──────────────┘
   │遊休資源の発掘と活用│   │生きがいと誇りの醸成│   ┌──────────┐
   └──────────────┘   └──────────────┘   │新規定住者の増加│
   ┌──────────┐                           └──────────┘
   │地域資源の保全│
   └──────────┘
```

出典：筆者作成

図6. 川越観光の来訪回数

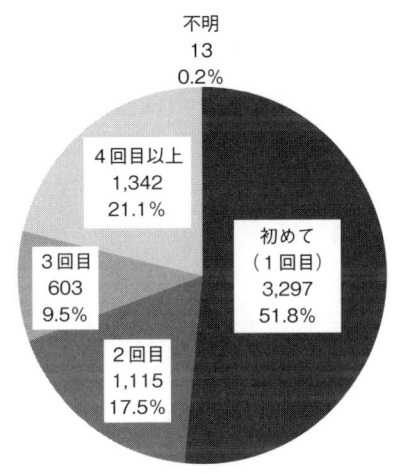

不明
13
0.2%

4回目以上
1,342
21.1%

3回目
603
9.5%

2回目
1,115
17.5%

初めて
(1回目)
3,297
51.8%

出典：川越市観光課「川越市観光アンケート調査報告書（平成25年度）」

　すでに１．でみたように、観光まちづくりは地域住民が主体となって、地域資源を有効に活用し住民と来訪者の満足度を継続的に維持・向上を図る地域の取り組みである。川越一番街商店街で取り組まれてきた歴史的町並みの保存・活用の活動は、行政主導型のまちづくりではなかった。歴史的町並みの創出プロセスの中で、蔵の会、町並み委員会、十ヵ町会など、歴史的町並みの保存・活用においてそれぞれの役割と機能を持った組織が誕生した。これらの組織は、行政が組織化したものではなく、商店街等が主導し、商店街関係者、専門家、行政、自治会等の地域の幅広い主体が集まり、地域住民主体の活動を展開した。歴史的建造物、町並み、伝統を守り大切にする取り組みは、地域への愛着と誇りを取り戻す活動である。この地域への愛着と誇りが、行政に頼るだけでなく、自分たちが主体となって自らの力で歴史的町並みの創出と観光まちづくりへと誘導したのである。

［注］
（1）「川越一番街町並み委員会」は一番街商業協同組合の委員会として設置されたが、2010（平成22）年に商店街から独立し、景観に影響を与えるような建物等の変更の際には相談・助言、提案を行っている。委員は商店街から8名、自治会から8名、蔵の会から5名、学識専門家から4名の合計25名で構成され、すべて自主的に運営されている。市の景観課、商工会議所はオブサーバーとして参加し、毎月1回定期的に例会が開催され、提出された案件について協議を行っている。また、建物等の変更に関する案件がない場合でも勉強会などが行い継続的に例会を開催している。
（2）川越市「川越市外国人入込観光客数」（2014年8月18日）より

［参考文献］
[1] 旧運輸省（現国土交通省）観光政策審議会『21世紀初頭における観光振興策〜観光振興を国づくりの柱に〜』、2000年。
[2] 岡田岳人、岡崎篤行「伝統的建造物群保存地区指定の最終段階における合意形成過程の事例研究―川越市川越を対象として―」『日本建築学会技術報告集』第17号、pp.455-458、2003年。
[3] 重岡徹「現代農村地域社会における生活空間の再編―故郷再生の論理と現実―」『哲学』第112集、pp.65-105、2004年。
[4] 竹内宏『町おこし経済学』、学生社、2004年。
[5] 長谷川昭彦、重岡徹、荒桶豊『農村ふるさとの再生』、日本経済評論社、2004年。
[6] 野木村忠度「地域活性化とマーケティング―事例研究：埼玉県川越市の商店街の取り組み―」『明大商学論叢』第90巻特別号、pp.147-160、2008年。
[7] 岡村祐、野原卓、西村幸夫「我が国における『観光まちづくり』の歴史的展開：1960年代以降の『まちづくり』が『観光』へ近接する側面に注目して」『観光科学研究』Vol.2、pp21-30、2009年。
[8] 広報川越「思いが形になるまち」、2010年10月10日。
[9] 川越市都市計画部都市景観課『川越市歴史的風致維持向上計画』、2012年12月。
[10] 川越市都市計画部都市景観課『川越市川越伝統的建造物群保存地区まちづくりガイドライン』、2012年。
[11] 川越市教育委員会『川越市川越伝統的建造物群保存地区保存計画』、2013年。
[12] 川越市観光課「川越市観光アンケート調査報告書（平成25年度）」
[13] 関谷忠「地域経営の時代 ―観光型商店街の研究から―」『マネジメント・ジャーナル』Vol.5、pp.28-42、2013年。
[14] まち再生事例データベース「事例番号039　蔵造りのまちづくり（埼玉県川越市・一番街商店街）」国土交通省都市・整備局ホームページ（http://www.mlit.go.jp/crd/city/mint/htm_doc/index.html）

第 6 章

古民家再生とワーク・イン・レジデンス
徳島県神山町を事例に

1．なぜ神山に人が集まるのか

　日本における古民家再生のさきがけといえば、徳島県の神山町の成功が挙げられることが多い。本章では、神山町の事例をもとに、その再生手法であるワーク・イン・レジデンスを中心にそのエッセンスを浮き彫りにしよう。

2．ワーク・イン・レジデンスとは何か

　ワーク・イン・レジデンスは、創造産業育成と第三の道を目指したイギリスに起源を持ち、日本では人口6,000人の徳島県神山町のケースが有名である。すなわち、徳島のケースでは、建築系大学生（東京芸術大学など延べ二百数十人）、大学助手、職人やボランティアなど五百人以上が関わり、上角商店街内にある長屋の西側空き家一戸を地元NPO法人グリーン・バレーが長期賃貸、改修を進めた。

　ワーク・イン・レジデンスは、すなわち、国内外のデザイナー、カメラマン、映像作家、建築家、ライターなどコミュニケーションを仕事に短期間、静かな環境で仕事に集中できる場を安価で提供する代わりに、滞在者は、自分の専門分野を生かした何かしらのおみやげを滞在先に残していくというものである。

3．何を解明し、何が明らかとなったか。

　本章の問題意識は、ワーク・イン・レジデンスが持続し、内発的な発展を遂げるには何が必要かということにある。また、それは、ワーク・イン・レジデンスが地域再生に何をもたらすかにあった。

　われわれの観察によれば、「人間がコンテンツ」という結論を得た。すなわち、創造的な人間の集積とネットワークこそが情報通信技術と公共部門の力を得て、創造的な産業を生む。その産業がさまざまなワークショップなどの地域貢献、住民との交流に乗りだす。住民の意識も変化してきた。そうした正の循環のプロセスがみえてきた。われわれは、この正の循環の

プロセスを可能にした基盤、内部要因、外部環境を析出した。

　正の循環として、最初にあげられるのは、社会動態人口の増加である。平成23年1月における神山町の社会動態人口がプラス2人と、はじめてプラスに転じたのは象徴的である。

　これは、過疎のまちに若いクリエイティブな起業家が流入したことが大きい。代表例は、2013（平成25）年に東京から移住してきた「えんがわオフィス」の起業家たちである。この企業は、テレビの映像コンテンツを制作するが、改装した古民家を社屋として持つ。古民家のなかに、数多くのテレビモニターが並ぶ（写真1、2、3）。

　移住の理由には、大きく2つある。

　まず、①光ケーブルの敷設というハード系の理由がある。

　2002年に徳島県においては、高度情報基盤整備「全県CATV網構想（eとくしま）が発表され、過疎地域向けのクリエイティブ事業、SOHO事業誘致促進を目的として、SOHO事業者誘致補助金が実施された。これらにより、情報通信環境が加速度的に改善され、知識や文化産業が集積する都市との交流がネットという媒体を通じて円滑なる素地が誕生した。

　つぎに、②NPO法人グリーン・バレーの今日に至る活動があった。

写真1．　古民家を改装したえんがわオフィス

このNPOは、地域と移住者とをマッチングするコーディネーターの役割を果たす。そのため、地域住民に対する調整・説明を行う。グリーン・バレーは1998（平成10）年に住民参加型の地域美化活動「アダプトプログラム」を全国で初めて実施した。その後、小規模の神山アーティスト・イン・レジデンスを経験した。アーティスト・イン・レジデンスとは、一

写真2．　えんがわオフィスの2階

写真3．　えんがわオフィス内の映像制作現場

定期間その土地にアーティストを招聘し、作品を創作させることで、何らかのお土産を残してもらうというプログラムである。神山では、3か月間、毎年3人に対し、制作費30万円、滞在費・交通費40万円がそれぞれ支給された。

キーマンはグリーンバレー理事長の大南信也氏であるが、NPOは大南氏の構想するミッションを基礎に置く。NPOのミッションは、「日本の田舎を素敵に変える」という創造的過疎およびヒトノミックス「人をコンテンツとしたクリエイティブな田舎づくり」である。それはB級グルメを作ったとしても、すぐに飽きがきてしまうからだという。そのほか、「多様な人の知恵が融合する世界の神山」というミッションもある。

4．公民協働はいかに機能しているか

元来、町が移住者支援の拠点を運営していた。しかし、町の委託を受けてNPOが神山町交流支援センターを運営するようになる。これがワーク・イン・レジデンスの大きな推進力となった。それは、自分たちで移住者を決められるようになったためである。

たとえば、NPOのマッチングで大阪から2008年に薪パン職人が移住し、人気を博している。本来、行政主導ならば、移住希望者のなかからの先着順が原則である。それは、行政は公平性が基本だからである。

しかし、移住者受け入れ業務が町から委託された神山町においては、NPOによる移住者の「逆指名」が機能し、受け入れる地域と移住希望者とのマッチングが行われる。

すなわち、それは、高齢化率高い地域だからこそ移住の条件に年齢層の若い夫婦や子供2人を定めるといった具合である。

5．建築がいかに社会のためになるか

もうひとつ特筆すべきは、建築がいかに社会のためになるかという視点である。グリーン・バレーは、ある築80年の長屋を改修して、ワーク・

イン・レジデンスのプログラムを策定した。空き家、町屋をワーク・イン・レジデンスとして活用する場合、グリーン・バレーが一括で借り上げを行う。それは、空き家の持ち主が経済的に困窮した結果、空き家を賃貸するという誤解を生まないためである。

　具体的には、理事長の大南氏が地域社会の再生のために空き家をワーク・イン・レジデンスのプログラムに活用すべきことを持ち主や住民に説得する。そして、使用可能な空き家を増やし、改装して、入居者を募る。こうした一連のプロセスが確立されるに至った。

6．新しい循環

　こうした空き家、町屋に公共性が与えられると、社会貢献の体験を希望する人々が集まり出す。たとえば、空き家の修復に、都市で学ぶ芸術系大学などの学生が神山に集まり、現状調査に乗り出した。また、ハローワークといった行政機関が緊急雇用として地域おこしの人材を募ると、やがて都市から若者が応答するようになった。ここでは、行政が一定期間求職者支援訓練のために公的支援を行いながら、地域再生のためのリーダー的人材の育成を目指す。この人材育成は、神山塾という名称で運営されているが、塾の在籍期間は6か月に及ぶ。グリーン・バレーの職人や神山の住人が講師となり、塾生は講師宅に入居する。

　川べりでラップトップを開くという、新しいライフスタイルが多くの若者の共感を得た。毎年多くの若者が都市から神山に移住してきている。ここで知り合い、結婚してそのままこの地に居住する人々も出始めた。

7．文化インフラストラクチャーの出現

　こうしてこの地に移住し始めた住人達は定期的に集う。そのための、たまり場も出現し始めた。カフェオニヴァというフランス料理店は2013年に開店した（写真4、5）。これは、築150年の古民家を改築して東京の女性オーナーが始めたもので、キッチンには地元の食材やワインが並ぶ。

興味深いのは、この女性オーナーは、大手IT企業の現役社員であるということである。

一方、2013年に開設されたたまり場に注目が集まる。これは、神山バレー・サテライトオフィスコンプレックス（KVSOC）で、元縫製工場であったこの空間が、今では起業家同士や住民との交流に利用されている。

写真4. 古民家を改装したフランス料理店

写真5. フランス料理店の店内

また、先に触れた、えんがわオフィスの隣には、寄井座が位置する（写真6、7）。回り舞台や天井に昭和初期の広告版が飾られている。これらはこれまで地域の大衆文化の中心地としてにぎわい、人形浄瑠璃や演劇が身近に地域住民に提供されてきたことを物語る。現在の寄井座は、ワーク・イン・レジデンスと有機的に関連した、その活用のあり方が議論されているが、さしあたりアーティスト・イン・レジデンスの展示の空間に供されている（写真7）。

　さらに、隠された図書館という施設も住民のたまり場的役割を担う。これは、2012年のアーティスト・イン・レジデンスの招聘作家が企画・設計した文化施設で、住民だけが利用し、住民みずから図書を持ち寄る。

　こうした一連の文化インフラストラクチャーが地域の魅力を高めクリエイティブ人材を吸引し、同時にクリエイティブな人材と住民との交流を深める役割を担う。図のように、この循環は一過性でない創造的再生（Creative Regeneration）を生んでいる。

写真6．寄居座の入口　　　　写真7．寄居座の内部

図1. 神山の循環モデル

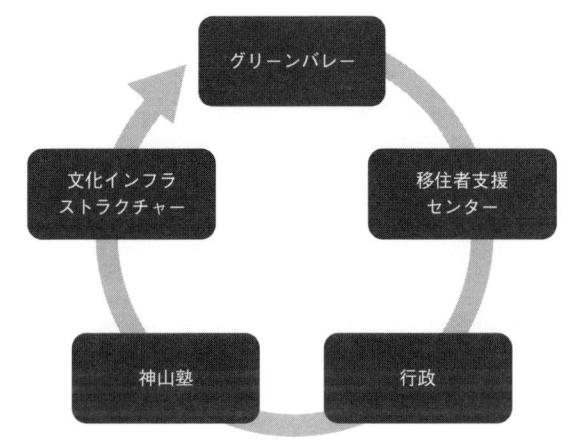

出典：筆者作成

8．従来の若者定住促進施策と何が異なるのか

では、これまでの若者定住促進施策と神山町のそれとは何が異なるか。

補助金・助成金を基礎とした従来型の公的支援は、すでにみたように、定住促進に大きな役割を果たす。ただし、それが失われるとインセンティブが消え持続性を保つのが難しい。また、アートのイベントを打ち出す施策では、イベントのあるときだけ人々が来訪し、その後は元の閑散とした村に戻るということがしばしばであろう。それゆえ、イベント施策は、来訪者・観光者に有効であっても定住者促進に直結するわけでない。

神山町の場合、単発的なイベントがない。すでに述べた神山の循環モデルを生み出すきっかけは、アーティスト・イン・レジデンスの経験である。このアーティスト・イン・レジデンスを通じ、アーティストとまちが10年間歩んできた。写真6、7の寄井座は、アーティスト・イン・レジデンスの作品の公表の場である。ワーク・イン・レジデンスで就労するクリエイティブなワーカーたちは、自らの芸術作品公表の機会を常に享受する「場」がある。

このことで、一過性のものでない創造的再生がこの地で起こり始めてい

るといえよう。この神山町におけるライフスタイルがそこで始まっているのである。

　神山町は、日本の地域のなかでアーティスト・イン・レジデンスを10年余り行っている数少ない場所の1つである。アーティストとともに地域をつくっていくという点では、アーティストを招き、そこでパフォーマンスや演奏会、もしくは展示会を開くのとは明らかに趣を異にする。それは、アーティストが、地域の人と一緒になってそこで暮らして創作活動を実践する点に特徴を持つからである。

　では、都市部ではない農村部でアーティスト・イン・レジデンスが行われ、そこでは、いかなる変容が見出されたか。

　神山町のアーティスト・イン・レジデンスには、つぎのようなメッセージがうたわれている。

> 自然に恵まれ人情味あふれる日本の田舎町・神山に身を置くことによって生まれる『インスピレーション』と、住民との出会いによって生まれる『カルチャーショック』によって紡ぎだされる、創意あふれる作品を期待しています。アーティストが、有形無形の「神山（Gods Mountain）」に触れ合うことで創作される作品を通して、『未知との出会いと交わり』が作家自身に、あるいは神山にどのようなインパクトをもたらすかを探っていきます。

　そこでは、アーティストは単なる来訪者ではない。アーティストは、神山と共生し、神山にインパクトを与え続け、住民との出会い、自然と向き合う。それによって創作してほしいという意図がこのメッセージには隠されている。

　作品は本来、空間と時間、それから地域とのつながり、地域の素材等によって刺激を受ける。特に都市を中心にして活動している演奏家、創作者にとって、空間の問題が、都市において切実な問題である。狭隘な都市は、演奏家に自由で合理的な利用料が設定された練習場所を与えない。この点は舞踏家も同様である。

その場に符合した作品をつくるとか、その場ならでは作品を生み出すという創作態度を取らなくても、新しいインスピレーションを自分に与えてくれる環境はアーティストにとってきわめて意義深いことである。アーティストにとっては時間や空間や素材や人とのつながりなど新しい刺激といったメリットがアーティスト・イン・レジデンスに存在する。
　スロスビー（スロスビー［2001］）は、同心円モデルを提起した。

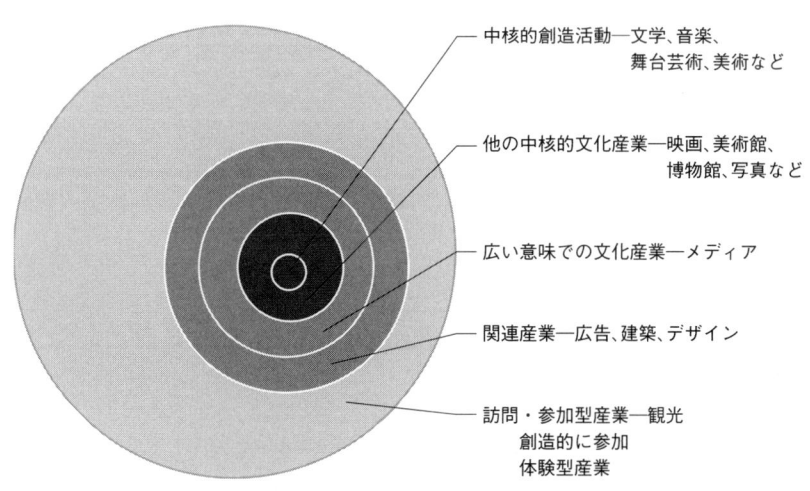

図2．スロスビーの同心円モデルの修正型

- 中核的創造活動―文学、音楽、舞台芸術、美術など
- 他の中核的文化産業―映画、美術館、博物館、写真など
- 広い意味での文化産業―メディア
- 関連産業―広告、建築、デザイン
- 訪問・参加型産業―観光　創造的に参加　体験型産業

出典：スロスビー［2001］を筆者修正加工

　そのモデルによれば、中核的創造活動を中心に、さまざまな文化産業が派生、関係づけられている。アーティスト・イン・レジデンスにおける創造活動は、同心円の中核に位置づけられる。なぜならば、同心円における中核的創造産業は、文学や音楽に代表されるような生産性が見込めない、すなわちそれは、大量生産が困難な人間の手作業による創造活動を特徴とするからである。
　それが複製されて、商品化されていくと、やがて他の中核的文化産業、

広い意味での文化産業と拡大していく。というのは、中核的創造活動が集合的に集まり、あるいは、中核的創造活動がデジタル技術によりデジタル化されていくと、映画産業やミュージアムへと派生していくと考えられるからである。

文化産業、関連産業は、地域独特の文化的雰囲気が地域自身の魅力を増幅させ、公共交通、情報通信インフラストラクチャーの発展とあいまって、人流を生み出す。

9．地域の固有なノウハウの伝承、共通化とマーシャルの外部性

それでは、アーティストの有する技能が人流を生み出し、やがて移住者を呼び込み、地域的発展に寄与するというのは、いかなる意味を持つのか。この点について次に検討しよう。

アートにはその地域の製造技術、技能、熟練などが深くかかわる。文化的な財に不可欠なスキルの源流をさかのぼると、地域に固有な伝統的技法に帰着する。

イギリスの経済学者、アルフレッド・マーシャルは、『経済学原理』第10章でこの伝統的技法に触れている（マーシャル，A（馬場啓之助訳）[1890]）。

それによれば、マーシャルは、知識が地域社会に共通の財産となっている状況を述べている。その場合、知識の根が重要な役割を担うことを示唆する。その知識の根が商業や政治などの条件と有機的に関係し合い、潜在力が開花する可能性を持つという。

元来、特産品など業種の生産や流通にかかわる知識というものは、かつては秘技であった。しかし、こうした知識は社会の共通の資産として、いわばコモン・ストックとして共通化される。知識は次の世代に伝承されるようになると、産業の地域的集積が起こる。産業の地域的集積は、知識の集積を呼び起こす。その魅力は特化した技能に対する地方市場の形成を促し、優れた労働力をその地に集めるという作用を持つ。こうして、マーシャルは、地域の固有なノウハウの伝承、共通化するとともに外部性の関

係を理論化したのである。

10. まとめ

　ここで最後のまとめとしよう。結局、アーティスト・イン・レジデンスは地域にとっていかなるメリットがあったのであろうか。

　まず、創作していた人の作品が展示され、それに伴うさまざまなメリットが生まれる。何よりも、普段は若い人が訪れることのないところに、若者がコンスタントに訪れるようになる。最終日の打ち上げの際には、地元の人々とアーティストと、それからそこに訪れた人たちが共感を共有し、ともに盛り上がるということがある。

　第二は、そういう活動が行われている神山に移り住もうという若者が少しずつ出始めている。

　第三は、神山に戻ってきてそこで子どもを産む人たちが出てきた。社会人口増が起こってきていることはすでに述べた。

　第四は、企業がサテライトオフィスを置き始めたことである。いつも都会の中の狭い事務室で思索しているのではなくて、あるチームは神山に移動し、そこのサテライトオフィスでさまざまなアイデアを増殖し出す。そのための装置として、古民家を利用したサテライトオフィスが次第に増え始めている。

　これまで述べてきたように、アーティスト・イン・レジデンスを通じ、アーティストとともに、まちは10年間歩んできた。そのことで、やがてアーティスト・イン・レジデンスのノウハウや萌芽がワーク・イン・レジデンスという新たなカテゴリーに創造的に拡幅して変容した。結果的に一過性のものではない創造的再生がそこで起こり始めているわけである。

　少なくともそのときに限り、イベントのあるときのみ人が訪れ、その後は元の閑散とした村に再び戻るというのではない。この神山町における昨日とは違うライフスタイルがそこで始まっているのだといえよう。プロジェクトだけではなくて、地域に新しいジェネレーションが入ってくる、そういう変化が垣間見られるのである。

[参考文献]

モリス，W.（内藤史朗訳）［2000］『民衆のための芸術教育』世界教育学選集63、明治図書。

Throsby, D. [2001] *Economics and Culture,* Cambridge Univ. Press. 『文化経済学入門』（中谷武雄・後藤和子訳）日本経済新聞社、2002年。

Marshall, A. [1890] *Principles of Economics.* 『経済学原理』（馬場啓之助訳）東洋経済新報社、1965年。

神山町HP。

「変化を起こす人はなぜ、そこに集まるのか」Works, №.12、2013年。

Frey, B. S. and Pommerehne, W. W. [1989] *Muses and Marckets : Explorations in the Economics of the Arts.* Oxford : Basil Blckwell.

Frey, B. S. and Meier, S. [2003] "*The Economics of Museums*", Ginsburgh, V. and Throsby, D. (eds.), Handbook for Economics of Art and Culture. Amsterdam : Elsevier.

Jacobs, J. [1984] *Cities and the wealth of nations : principles of economic life*, Random House. 『発展する地域・衰退する地域』（中村達也訳）ちくま学芸文庫、2012年。

Hall, P. [1998] *Cities in Civilization : Culture, Innovation, and Urban Order*, Weidenfeld& Nicolson.

Markusen, A., *Urban development and the politics of a creative class*, evidence from a study of artists, Environment and Planning A, volume38, pp. 1921-1940, 2006.

Markusen, A. and Greg Schrock [2009], *Consumption-Driven Regional Development*, Urban Geography, vol. 30, no. 4, pp. 1-24.

OECD ed. [2005] *Culture and Local Development,* OECD Publishing.

Caves, R. E. [2000] *Creative Industries, Havard Univ. Press*, 2000.

第 7 章

公民協働による古民家再生事業の産業実験
福井県永平寺町での試みを事例に

1. 古民家、柏樹庵

　いま、日本では空き家が急増していることは繰り返し述べた。とくに農村部においては、空き家問題が深刻である。本格的な人口減少時代の到来は都市と農村の人口偏在を重層的に生み出し、この問題をいっそう複雑にする。しかし、日本の古民家には、耐震補強が施され、文化芸術的に再生されることで地域の景観的価値が高められる例も少なくない（岐阜県高山市、下呂市など）。同時に古民家の再生事業が移住者や観光客・宿泊客を集める地域も注目されている（大分県竹田市）。この点、農村部の空き家を創造的に再生し、空き家のような未活用資源を生かしながら地域をいかに再生させるかが課題である。

　一方、グローバル化の進展を考えるとき、外国人観光客を中心とする交流人口の増大が有効な地域再生の手法であることは疑い得ない。もっとも、北海道夕張市の例からも明らかなように、新たな巨大観光施設は自治体財政の危機的要因に帰する危険もはらむ。こうして考えると、未活用資源を生かした交流人口（観光客）増加への期待は少なくないが、地域の固有資源を活用した観光振興が今後、地域再生の重要な視点になるであろう。

　さらに、地域の固有資源という場合、地場産業、伝統産業を無視することはできない。もとより、人材不足、後継者不足が課題となっている。

　たとえば、福井県の場合、竹細工、漆器、和紙職人、陶芸などの後継者問題がある。団塊の世代の大量離職を目の当たりにして、この問題はいっそう困難をきわめる。

　前章でとりあげたワーク・イン・レジデンスという手法は、神山では有効に作用した。もとより、一般的にみて、ワーク・イン・レジデンスは、うえにみた地域の3つの課題すなわち空き家の増加、観光客集客の困難さ、伝統産業の後継者不足に対し他の地域でも有効といえるであろうか。このことを見極めるため、本章は、ワーク・イン・レジデンスという手法について社会実験を通じて、その有意性を考察する。

　前章で述べたように、ワーク・イン・レジデンスとは、国内外のデザイナー、カメラマン、映像作家、建築家、ライターなどコミュニケーションを仕事に短期間、静かな環境で仕事に集中できる場を安価で提供し、その

代わりに、滞在者は、自分の専門分野を生かした何かしらのおみやげを滞在先に残していくというプログラムである。

本章は、神山モデルを参考にしながら、ワーク・イン・レジデンスの手法を用いて、筆者らが福井県永平寺町の古民家、柏樹庵において社会実験を試みたものである。それでは、その社会実験の概要から説明することにしよう。

2．社会実験の概要

2.1 場所

まず、社会実験は福井県永平寺町の柏樹庵（写真1）において実施した。

柏樹庵とは、永平寺の門前に近く、歴史を刻む由緒ある古民家である。すなわち、もともと、この建物は、道元禅師の帰国とともに渡来した中国人宮大工、玄源左衛門の寄進により門前大工村に享保年間（1716－1734年）に建立されたものである。その後、柏樹庵は尼僧の宿坊として1827（文政10）年に現在の門前に移築され、現在の建物は大正年間に恵芳尼和尚によって、再建された。現在、この建物は、宿坊としての役割を終え、

写真1．柏樹庵

公益目的の利用のあり方が自治体などで検討されるに至っている。

2.2　ガバナンス

実施体制は、公民協働の形態を基礎にした。具体的には、NPO地域公共政策支援センターが中軸となり、実験参加者の選択・調整を担った。行政の関わりであるが、永平寺町（観光課・教育委員会生涯教育課）の支援、助言を得た。

当該研究課題を実現するため、地元のレストラン、サニーサイド、天谷調理師学校教員の協力を得た。福井の精進料理、伝統和食料理および次世代の創作料理の3点を実験の一環で試作を依頼したのである。これらの和食は、地域再生、交流人口の増加に寄与することを目的としており、柏樹庵で一般来訪者に展示すること、また写真撮影記録して、アプリソフトのコンテンツとして活用することを意図して試作されたものである。

すなわち、民間企業としては、和食職人としてレストラン・サニーサイドが参加した一方、伝統工芸の越前漆器組合、陶芸の山田工房が工芸作品の提供やインタビュー記事の作成協力等を行った。また、IT企業のアプライド社がウェブ制作、コンテンツの制作委託事業主体として関係した。

一方、地元商工団体などで構成される禅の里実行委員会や永平寺および福井大学地域教育学部美術学生および福井県立大学経済学部学生もそれぞれ実験の担い手として加わった。

2.3　社会実験の内容・方法について

実施日時であるが、2015（平成27）年1月10日から2月22日までを実験期間とした。具体的には、柏樹庵において、学術的なベースを基礎に据えつつ、和食および越前の伝統工芸作品を組み合わせ、これらを題材としてデジタル静止画を制作したのであった。これらのコンテンツは観光用のアプリやウェブコンテンツとして完成させ、これらの静止画と学術的に解説した文字情報を組み合わせながら、情報技術の活用を図っていく。さまざまなデバイス上でアプリやウェブのコンテンツが世界中の多くの人々の注目を集めるならば、この地と柏樹庵に関心が集まり、この地を訪れたい

と考える人々が増えるのではないか。もって、交流人口の増加が期待できるという方向性が見えてくる。

とりわけ2月21日（土）、22日（日）には、訪問客、一般住民を対象とした展示会を実施した。永平寺柏樹庵において、漆器・陶器といった工芸品と精進料理の精神を持った和食を合わせたものを展示し、一部のものに

写真2．　柏樹庵でのワークショップ

写真3．　芸術家との対話

ついて訪問客などに試食をしてもらうという工夫も施した。これは、器に込められた想いと、料理に込められた想いをクロスさせ、柏樹庵の幻想的な雰囲気のなかから非日常的な要素を生み出していくという実験である。

さらに、永平寺において食材を吟味し精進料理を施す三好良久典座老師、福井の陶芸家の山田和氏及び越前漆器を制作している職人とのインタビューを文字情報にした。同時にその精神性を分析して抽象化しながら公開するという作業も行った。

同時に、アンケートを実施し、本企画の評価を得るとともに、その結果を文化経済学的観点から分析する、その過程から、公共政策への提言を目指す、というのが本実験の最大のねらいであった。

すなわち、こうした方法は、世界の人々が精進料理の精神性を学ぶ契機にもなりうる。そのためには、この地の伝統産業に関心を持てる電子媒体を制作することが重要である。電子媒体としてのコンテンツは書籍や電子広告、アプリなどで活用可能なデジタル情報として学術的に資源化していく。これら一連の社会実験は嶺北の産業・文化・風習・精神を広く知らしめるための前段階としても有益であろう。

写真4． 和食に関するアーカイブス

3．なぜ柏樹庵で実験したのか

さて、実験の仮説と検証を述べる前に、実験設計立案の背景について、触れておきたい。

周知のように、和食が世界文化遺産に登録されるなど和食に対する世界的評価は高まっている。これまで和食に関する学術的アプローチが食物学、文化人類学等においてこそ存在したが、社会科学とくに経済学からの接近は皆無であったように思われる。

そこで、私たちは経済学の立場から、和食とりわけ精進料理に注目した。私たちは和食の価値を再評価し、その意味を学習するなかで和食の源泉が、永平寺の精進料理を起点とし、同時に禅の里としてのこの「地」と密接不可分である。

また、和食におけるその型や栄養バランスという側面に着目し、同時に食事を作る側と頂く側の心得、精神性を追究したとき、この地域との関係性を見極める必要がある。

一方、嶺北地域は、日本の地場産業衰退を象徴している如く、伝統産業の後継者不足が深刻化している。知られるように、福井には陶器・漆器・和紙といった地場伝統産業が存在する。その後継者不足の課題を考えたとき、伝統産業に対する再評価を多くの人々に訴え、促すことが求められよう。

この場合、この地の伝統地場産業を和食とクロスさせつつ、和食への注目の世界的高まりと連動させるという独自の実験的手法を私たちは構想した。そのことを通じて伝統産業に対する再評価、注目を集めたいと考える。この実験的プロセスの過程において経済学的分析を試みる。

翻って和食については、数多く存在する宗教や文化の垣根を越え、世界中の人々が食するものを目指す。形状、色彩の華やかさ、味覚の卓越さを追求しつつ、根底には精進料理の意味、精神性に重点を置きたい。これにより国際的な視野からの交流人口の拡大に寄与できればと期待している。

結局、柏樹庵の「場」をプロジェクトの拠点としたのは、柏樹庵を含むこの禅の里が日本食のルーツということを前面に出し、未活用資源の公益活用、伝統産業の後継者不足、交流人口の増加という三つの課題について

広く万人に周知し基本的問題意識を共有させる点にあった。

こうして、柏樹庵の地域の歴史・価値・画像のアーカイブズ化とともに、資源化・流通、永平寺精進料理、福井の和食の地域の歴史・価値・画像のアーカイブズ化を施すなど、柏樹庵におけるアーカイブズ化作業を37日間にわたり行ったのである（写真4）。

4．実験の仮説

今回の社会実験を通じて、われわれは何を明らかにしようとしたのであろうか。

それは、古民家という未活用資源であっても、その空間が強い精神性や文化芸術的な要素を持ち、創造的で非日常性が垣間見られる空間であったとしよう。もし、そうであるならば、そこを訪問する人々は、自らの選好（Preference）を変化させるのではないか、というものであった。

単に、価格の差異にのみ関心を持つのではなく、別の選好の価値的基準を持つに至るのではないか。この点を検証するために、意識調査を実施した（図表1）。

5．実験結果

今回の実験を通じて何がみえてきたであろうか。今回の実験においては、まず「仮にあなたが1泊の旅行をすることになった場合、次のどちらを選択しますか」という問いをした。

その選択肢として、①「空き家を文化芸術的に改修した民家で、精進料理を中心に地元の食材を使った朝食、夕食付で5,500円、座禅や地元の人々や若者との交流も体験できる（民泊）、②同じ5,500円で一般の鉄筋ホテルで地元の食材にこだわらず、二食付で一泊する場合（体験の機会なし）という2つが回答者に与えられた。

その結果は、図表2である。前提条件として、価格が同じであるとした。その場合、たとえ古民家であっても、「文化的体験」が得られる空間での

図表1. 来場者アンケート（永平寺）集計結果　H27.2.21・22

Q1	仮にあなたが1泊の旅行をすることになった場合、次のどちらを選択しますか？
選択肢1	空き家を文化芸術的に改修（リニューアル）した民家で、精進料理を中心に地元の食材を使った朝食、夕食つきで5,500円。座禅や地元の人々や若者との交流も体験できる（民泊）
選択肢2	同じ5,500円で一般の鉄筋ホテルで地元の食材にこだわらず二食付き一泊する場合（体験の機会はなし。）
選択肢3	該当無
Q2	定食の中身、量や産地は同じものとして、次のどちらを選びますか？
選択肢1	永平寺の精進料理を高級な伝統漆器や陶器、和紙などに盛った「定食」1,100円
選択肢2	一般家庭で使われている普通の食器に盛った「定食」1,000円
選択肢3	該当無
Q3	今回のイベントをきっかけに和食や福井の漆器、陶器、和紙について、いろいろ学びたいと思いますか？
選択肢1	思う
選択肢2	思わない
選択肢3	該当無

出典：筆者作成　※回答数は、126人であった。

宿泊が90.7％と圧倒的であった。

　一方、今度は価格差を設けた質問である。「定食の中身、量、産地が同じものとして、次のどちらを選びますか」という問いに対しての回答は、次のようであった。

　すなわち、それは、「永平寺の精進料理を高級な伝統漆器や陶器、和紙などに盛った定食1,100円」（85.3％）、「一般家庭で使われている普通の食器に盛った定食1,000円」（13.3％）、該当なし（1.3％）であった。これは、価格が10％上昇しても、その器の特性、作家の想い、質の高さを重視する消費者の表れである。

　さらに、「今回の実験をきっかけに和食や福井の漆器、和紙について、いろいろ学びたいと考えるか」との質問を行った。その結果、「学びたいと思う」（88.0％）と答えた者が、「学びたいと思わない」（6.7％）、「どちらでもない」（5.3％）よりも圧倒的に多かったのである。

図表2. 実験結果

1泊旅行にて選択する宿泊場所について

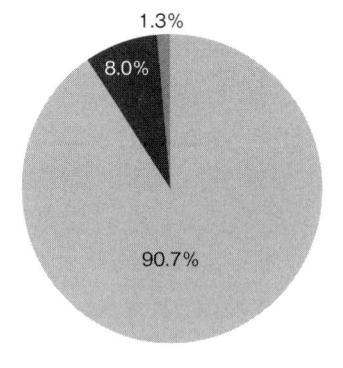

- 1.3%
- 8.0%
- 90.7%

■ 空き家を文化芸術的に改修（リニューアル）した民家で、精進料理を中心に地元の食材を使った朝食、夕食つきで5,500円。座禅や地元の人々や若者との交流も体験できる（民泊）

■ 同じ5,500円で一般の鉄筋ホテルで地元の食材にこだわらず二食付き一泊する場合（体験の機会はなし。）

定食の選択について

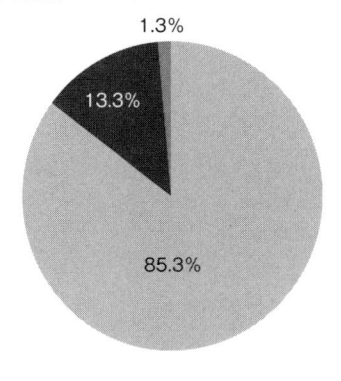

- 1.3%
- 13.3%
- 85.3%

■ 永平寺の精進料理を高級な伝統漆器や陶器、和紙などに盛った「定食」1,100円

■ 一般家庭で使われている普通の食器に盛った「定食」1,000円

■ 該当無

福井の漆器、陶器、和紙を学びたいか

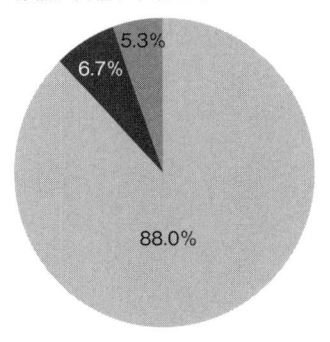

- 5.3%
- 6.7%
- 88.0%

■ 思う
■ 思わない
■ 該当無

出典：筆者作成

6．考察

結果をまとめると、つぎのようになろう。

すなわち、古民家体験を通じて、訪問者は選好を変化させた可能性がある。一般に、宿泊先を選び、または定食を購入する場合の消費者行動は、内容が同一であれば、価格を最大の選択要因とするであろう。

しかし、今回のケースでは、選択肢①、選択肢②においては、いずれも価格を最大の選択要因とせず、むしろ、①においては、古民家であっても、「文化的体験」が得られる空間が重視され、一方、価格よりも器の質の高さを重視する傾向がみられた。そして、第三の質問においても、同様の傾向がみられ、こうした文化体験から伝統産業、職人技能について関心を高めていく消費者の姿が垣間見られた。

この場合、とくに永平寺という「場」が重要な要素を占めているように思われる。すなわち、柏樹庵という由緒ある古民家という空間、そしてその場の記憶は、和食とりわけ精進料理に対する敬意ともいえる感覚を訪問者が強く抱いたとも考えられよう。

さらに、場の記憶ということをもう少し考察してみよう。福井県の嶺北地域は、日本における和食とりわけ精進料理の発祥と原点の位置にある。同時に、この地は、和紙や漆器、陶芸などの伝統的地場産業の原点でもある。しかしながら、日本の地場産業衰退の象徴のごとく、この地は深刻な後継者不足に直面している。

いま、実験結果から推察されるのは、実験の場がいま直面している上述の問題に対し、訪問者たちは実験における説明を通じて、多くのことを学んだに違いない。

そもそも、この社会実験プログラムの目的は、地場産業の伝統職人が持つ実践知に着目し、これが地域産業や地域再生の共通の基盤として再生するには何が必要であるかを明らかにする点にあった。

ここでは、和食や漆器といった地域の職人技能に関する知識や体験を、観光やまちづくりに活かすことが重要となる。このような伝達過程を習慣や伝統に注目しつつ、積極的に取り上げたのは、D.スロスビーであった。スロスビーは地域におけるみえない資本を文化資本として定義した。この

実験は地域における職人技能を文化資本として捉える。
　そして、文化資本から捉えた場合、これまで産業を支えてきた地域固有の職人技能を再評価するために、その前提として伝統職人の技能の特性を現場に即して理解し、その特質を継承する仕組みを研究し、その仕組みを製品の販売者や消費者が理解することが求められる。
　そして、その理解のうえに立って、消費者らが現場との持続的交流を実現する方向性を構想することが重要だといえよう。ここから、この持続的交流を観光地施策、まちづくり政策にどのように活かすことができるかを展望することが可能となる。
　これまで、和食など熟練の型の研究はある。しかし、経済学とくに地場産業研究は多くの不十分さが残されてきた。
　今回の研究プロジェクトは、永平寺の精進料理の現場、漆器、陶芸、和紙のそれぞれの現場の調査を通じての分析から、技の伝承についての考察を加えるととともに、伝統職人技能を地域固有の文化資本として捉えた。このとき、地域固有の文化資本が、地域のものであることを認識し、地域社会として継承すべきものと考えなければならない。

7．おわりに

　地域における共通の資産として「職人の技能」を把握すれば、地域における未活用資源、とりわけ空き家、古民家、旧宿坊などを活用して、職人と学習者、潜在的な後継者との交流の場を設けることは有意義であろう。また、そこでは来訪者が伝統産業や精進料理の卓越さ、自然、景観に触れ、まちづくりの一環として職人技能の学習や継承について考えることができよう。
　いうまでもなく、情報技術の進化はめざましい。アプリなど先端的な情報通信技術の力を得て、本章でみた構想が可能となるならば、地域産業再生を核とした地域の再生や発展の展望が生まれる。

[参考文献]

モリス，W.（内藤史朗訳）[2000]『民衆のための芸術教育』世界教育学選集63、明治図書。

Throsby, D. [2001] *Economics and Culture*, Cambridge Univ. Press.『文化経済学入門』(中谷武雄・後藤和子訳) 日本経済新聞社、2002年。

Throsby, D. [2010] *The Economics of Cultural Policy*, Cambridge Univ. Press.『文化政策の経済学』(後藤和子・阪本崇監訳) ミネルヴァ書房、2014年。

Marshall, A. [1890] *Principles of Economics*.『経済学原理』(馬場啓之助訳) 東洋経済新報社、1965年。

神山町HP。

大本山永平寺他『永平寺の精進料理』学習研究社、2003年。

道元『転座教訓』角川学芸出版、2009年。

「変化を起こす人はなぜ、そこに集まるのか」Works、No.12、2013年。

Frey, B. S. and Pommerehne, W.W. [1989] *Muses and Marckets : Explorations in the Economics of the Arts*. Oxford : Basil Blckwell.

Frey, B.S. and Meier, S. [2003] "*The Economics of Museums*", Ginsburgh, V. and Throsby, D. (eds.), Handbook for Economics of Art and Culture. Amsterdam : Elsevier.

Jacobs, J. [1984] *Cities and the wealth of nations : principles of economic life*, Random House.『発展する地域・衰退する地域』(中村達也訳) ちくま学芸文庫、2012年。

終章

町屋・古民家の創造的再生に向けて

いま、翻って都市・地域の再生を考えたとき何が必要であろうか。言い換えれば、古民家や町屋など古いものを再生しながら、人々が移住したり、訪ねたりしたくなるまちにするには地域は何を求めるべきか。このことについて最後に、文化経済学的視点から触れておこう。

　従来、衰退した都市や農村に必要なのは、資本であり、資本不足が衰退の要因とみなされてきた。ここにいう資本とは「経済資本」のこととみなされ、資本といえば経済資本だという常識が支配してきた。都市や地域は一過性のイベントを立ち上げ、気ままなトレンドを追求する。そればかりか、公共事業や工場誘致のみに頼って経済合理性を追求してきた。これらの事例は枚挙にいとまがない。これらに共通するのは、資本不足が人流を遮断し、都市や地域の衰退を招くという論理である。

　しかし、この考えは、ジェイコブズが *Cities and The wealth of Nations* のなかで厳しく断罪している。彼女によれば、一国の盛衰のダイナミクスは、都市のダイナミクスに起因するという。

　すなわち、諸都市が相互に創造的かつ共生的なネットワークをそなえ、住民の創意をいかす過程─インプロビネーションを経験する場合、その国は成長を遂げるが、それらを欠く場合衰退を余儀なくされるという。このロジックは、日本の都市や地域の発展にも妥当する。

　戦後の日本の復興は諸都市の創造的・共生的関係が根づいていたことに起因するが、そのことをジェイコブズは具体的・実証的に論じている。そのための方策として、輸入置換すなわちこれまで地域外から購入している財は、地域資源を用いながら創造的に自分たちで作り上げていくべきだとされる。その人材こそが大きな役割を担うことになるが、そうした人材は創造階級と呼ぶことができよう。

　実際、われわれは金沢市、川越市、呉市などにおける創造的な都市、そして篠山市、竹田市、神山町など農村地域における産業発展や文化芸術活動に即した創造階級の「文化資本」に着目した。そして、本書の中でそれらを生かしあう場としての創造都市・創造農村の文化的価値を解明しつつ、日本の都市と農村が直面する空き家問題、人口減少、交流人口の減少など、それらの課題解決の方向性を問うてきた。

ここにいう文化資本は、自然資本や経済資本と明確に区分されるべき意味において、解決の鍵になる概念というべきである。そもそも文化資本の概念は多義的であるが、なかでもフランスの社会学者、ブルデューの定義は有名である。

　すなわち、彼の書、*La Distinction*［1979］によれば、「文化にかかわる無形・有形のもの」が文化資本である。その分類としては、①家庭環境や学校環境を通じて各個人のうちに蓄積された知識・教養・趣味・感性など「身体化された文化資本」、それが示す象徴的な文化資本としての代名詞・総称、②書物・絵画・道具・機械のように客観化された文化資本、③学校制度や試験制度によって獲得した学歴・資格など制度化された文化資本が列挙されている。

　一方、スロスビーも *Economics and Culture*［2001］において、文化資本の重要性に言及している。彼は、そのなかで文化資本を既存の経済学における資本概念と対比しつつ、文化経済学の核心をなす概念に文化資本を位置づけた。ブルデューの文化的再生産論、社会学者のコールマンによるソーシャルキャピタル論、オストロムのコモンズ論におけるソーシャルキャピタル論、アローによるソーシャルキャピタル論の否定論などを踏まえつつ、人的資本の概念に文化の概念を加えて拡充する方向を目指した。

　スロスビーの文化資本論は、過去から継承され、次世代に伝承し、新たな創造的成果を生み出すストックとして位置づけられており、彼は具体的に「見える資本」として景観・文化財などを挙げ、「見えない資本」として伝統習慣・アイディアなどを掲げていた。文化資本は単なる人的能力としての人に体化された教育、スキル、文化、知識というものではない。どちらかといえば、彼の文化資本論は自然環境における自然資本に近く、同心円モデルとして具体化される。この点は、すでに第6章でも触れた。

　これらの文化資本概念に関する国際的研究は、文化資本の階級関係への影響や地域における文化的伝統の共有関係を解明してきた点で示唆的であった。しかしながら、金銭的な価値とは無縁な空き家問題や疲弊した農村地域の再生を考えると、経済資本の発展と一体となりやすい「タテ型」ガバナンスは必ずしも説得力を持つものではない。

むしろ、経済資本とは対をなし、文化資本を生み出す「ヨコ型」のガバナンスが構想されなければならない。では、ヨコ型のガバナンスとは何か。

本書のなかで中心的に取り上げたように、古民家などでワーク・イン・レジデンスを推し進めることこそ必要である。文化資本を持つ職人や芸術家、知識人らが古民家に居住しつつ活動する姿がそれである。こうした職人や芸術家、知識人らが古民家で産業として事業を興していくには、起業家や企業の社員らのノウハウや資本が不可欠となる。そして、職人や芸術家、建築家、知識人らが古民家で理解し合い相互協力しながら事業化を進めるには、主従関係でないヨコ型のつながりが重要となる。

そうしたヨコ型の結合をコーディネートし、利害を調整し、協力関係を保つ役割を担うのが、前章まで示してきたように、NPOや行政にほかならない。

このモデルは、彼らが自らの技や手仕事を通じて自己の経験、技、ノウハウを活用しながら、他者とのヨコの連携を通じて地域再生に貢献していくものである。この場合、事業を起こした起業家や社員は、いわば企業市民として地域に溶け込み、ヨコ型のネットワークを図りながら町屋・古民家の再生に取り組んでいく。この発想は、従来の組織運営にみられるような「タテ型」ではなく、「文化的環境を生み出すヨコ型のガバナンス」と呼ぶことができよう。

かつてイギリスの思想家ラスキンは、著書『この最後の者にも』のなかで文化資本（「生」）なくして金銭的な富の蓄積（「富」）はないと述べた (There is no wealth but life)。

文化資本を担う職人や芸術家たちが地域に根をおろし、仕事をしながら、同時に地域再生に取り組む。そうした姿こそ、ラスキンが目指した地域再生の理想なのである。このことは、イギリスのマン島での彼の社会実験からも明らかであろう。

このラスキンの主張が正しいとすれば、文化的環境を生み出すヨコ型のガバナンスの下で空き家・古民家で繰り広げられるワーク・イン・レジデンスは、地域再生に大きな可能性をもたらすといわなければならない。

あとがき

　空き家が増え続けている。総務省の住宅・土地統計調査によれば、全国の空き家は2003（平成15）年に659万戸であったのが2013（平成25）年には820万戸と、実にこの10年間で1.24倍増加している。しかも、2013（平成25）年の空き家総数のうち、52.4％（42万1,800戸）が賃貸用の住宅であり、一戸建て木造住宅26.8％（219万9,900戸）がそれに続く。いわば、日本の空き家は、古民家がその多くを占めるといってよい。

　こうした遊休資産の活用のあり方をめぐっては近時、住宅政策や防災、まちづくりなど多方面からの分析や提言がなされはじめているが、文化経済学的な調査研究は意外に少ない。

　その場合、古民家を取り壊すのではない。古民家を文化や芸術の力あるいは情報技術の力を借りて創造的に再生し、交流人口の拡大や定住促進に向けた取り組みを行う。とりわけ農村地域においては、この視点が大事である。それには、何が必要であろうか。

　われわれはこうした問題意識から共同研究の形でフィールドワークを重ねてきた。うえに述べた課題をどこまで解明できたかは心もとないが、本書が今後古民家再生に関する議論の活発化に貢献できるのならば幸いである。

　なお、末尾ながら本書執筆にあたって、ご協力いただいた関係各位に深く感謝申し上げる。

　　　2016年3月
　　　　　執筆者を代表して　　　　　　　　　　　　　　　　山崎　茂雄

[筆者紹介]

山崎 茂雄（やまさき・しげお）
福井県立大学経済学部教授。専門は文化観光論、文化経済学、公共政策。京都大学経済学部卒業。同大学院修了。論文に「持続可能な観光への転換に向けて―観光政策にいま何が求められているか―」（福井県立大学論集第33号所収、2009年）、「観光政策としての文化合宿」（福井県立大学経済経営論集第27号所収、2012年）、著書に、『文化による都市再生学』（アスカ文化出版、2009年）、『知的財産とコンテンツ産業政策』（水曜社、2008年）など。

野村 康則（のむら・やすのり）
安田女子大学キャリアセンター長・教授。九州大学経済学部卒業。福井県立大学大学院博士前期課程修了。エスエス製薬（株）専務取締役を経て、福井大学大学院教授。福井工業大学主任教授。2014年より現職。論文に「人的資源と労務コスト―Ｍ＆Ａにみる人間関係論」「日本の国民年金制度とその課題」「過去の震災から学ぶリスクマネジメント」「女性のキャリアデザインと就業状況」など。敦賀市商工会議所開所100周年記念地域振興記念論文 最優秀賞、平成21年広島県の男女共同参画事業を進める会小論文 最優秀賞。

安嶋 是晴（やすじま・ゆきはる）
金沢大学人間社会研究域経済学経営学系助教。1969年生まれ。富山大学経済学部卒業。福井県立大学大学院修了。民間企業勤務の後、ふくい県民活動・ボランティアセンター相談員、輪島商工会議所商店街マネージャーを経て現職。論文に「輪島漆器産地における昭和30年代の漆掻き職人衰退要因とその背景～輪島の漆掻き職人経験者のヒアリングから～」「輪島漆器産地の伝統的販売戦略の意義と課題―行商と椀講制度―」「輪島漆器産地の再生における一考察―産地の発展と塗師屋文化の関係から―」など。

浅沼 美忠（あさぬま・よしただ）
福井県立大学経済学部准教授。埼玉大学経済学部卒業。早稲田大学大学院経済学研究科修士課程修了。（財）日本生産性本部、（財）日本総合研究所、（財）横浜・神奈川総合情報センター等を歴任。著書に『公益事業の評価と展望』日本評論社（共著）、『ふくいブランドとフードシステム』晃洋書房（共著）、『持続性のあるまちづくり』創風社（共著）など。

索引

〈事項〉

あ
アーティスト・イン・レジデンス
　　　　　110, 114, 115, 116, 119
安芸灘大橋 ……………………………… 53
空き家 …………………………………… 140
空き家バンク ……………………… 16, 51
アンデルセン効果 ……………………… 61
石段の家 ………………………………… 51
永平寺町 ……………………………… 123
乙女座 …………………………………… 57

か
海上自衛隊第1術科学校 ……………… 50
金沢市 ……………………………… 8, 66
金沢市伝統環境保存条例 ……………… 66
金沢職人大学校 ………………………… 72
金澤町家 …………………………… 68, 69
金澤町家継承・活用研究会 …………… 66
金澤町家研究会（NPO）……… 76, 81, 83
金澤町家条例 …………………………… 71
金澤町家ドミトリー推進機構（一社）… 83
金澤町家流通コーディネート事業 … 80, 81
金澤町家流通コンサルティング事業 … 81
金子邸 …………………………………… 54
ガバナンス …………………………… 138
神山塾 ………………………………… 112
神山町 …………………………… 9, 108
神山モデル …………………………… 123
川越一番街商店街 ………………… 94, 102
川越蔵の会 ……………………………… 96
川越市 ……………………………… 9, 88, 93
観光まちづくり ………………………… 88
帰巣生活空間 …………………………… 90
クラウドファンディング ……………… 44
呉海軍工廠 ……………………………… 50
呉市 ………………………………… 8, 48
景観条例 ………………………………… 68
経済資本 ……………………………… 136
郊外型大型ショッピングモール ……… 63
公的補助制度 …………………………… 36
公民協働 ……………………………… 111
国土交通省観光政策審議会 …………… 88
コミュニティデザイン ………………… 44
コミュニティ利益会社 ………………… 43
古民家 ………………………… 122, 140
古民家再生 ……………………………… 35
古民家体験 …………………………… 131

さ
薩摩藩船宿脇屋 ………………………… 58
自然資本 ……………………………… 137
七卿落遺跡 ……………………………… 56
漆器 ……………………………… 127, 129, 131
篠山市 ……………………………… 8, 30
篠山市歴史文化基本構想 ………… 33, 36
重要伝統的建造物群保存地区 ………… 93
精進料理 ……………………… 124, 127, 129
SmS（ショッピングモールシスターズ）
　　　　　……………………………… 61
世界文化遺産 ………………………… 127
創造産業 ………………………………… 31
創造の再生 ……………………………… 6
創造都市 ………………………………… 31
創造都市戦略 …………………………… 31
創造都市論 ……………………………… 6
創造農村 …………………………… 31, 32
創造の場 ………………………………… 32
ソーシャル・キャピタル ……………… 24

た
竹田市 ……………………………… 8, 12
地域公共政策支援センター（NPO）… 124
伝統環境保存委員会 …………………… 67
伝統的建造物支援事業 ………………… 66
農家民泊 ………………………………… 39
農村回帰助成制度 ……………………… 17
農村回帰宣言 ……………………… 15, 16
ノオト（一社）………………………… 38

は
柏樹庵 ………………………… 122, 127
広島本通り ……………………………… 60

索　引　*141*

文化財保護法 …………………………… 97
文化資本 ………………………… 132, 136
文化資本概念 …………………………… 24
文化的体験 ……………………………128
ホスピタリティ ………………………104

ま
町づくり規範 ……………………… 97, 98
町並み委員会 …………………………… 98
町家継承・活用事業 …………………… 66
町屋再生活用事業 ……………………… 71
丸山集落 ………………………………… 36
丸山プロジェクト (LLP) ……… 37, 39, 41
見えない資本 …………………………137
見える資本 ……………………………137

や
大和ミュージアム ……………………… 49
矢弓の家 ………………………………… 52
ゆめタウン ……………………………… 59

ら
リピーター ……………………………104
歴史的風土 ……………………………… 68
歴史文化まちづくり資産 ……………… 33
歴史まちづくり法 ……………………… 93
れんが通り ……………………………… 59

わ
ワーク・イン・レジデンス
　……………… 108, 112, 119, 122, 138
若胡子屋跡 ……………………………… 55
和食 ………………… 124, 127, 129, 131

〈人名〉
アロー, K ………………………………137
池上惇 …………………………………… 13
オストロム, E …………………………137
コーエン, T …………………………… 21
コールマン, J …………………………137
ジェイコブズ, J ………………………136
スロスビー, D
　………………… 7, 25, 31, 32, 117, 137
ツヴァイゲンハフト, R ………………… 24
パットナム, R ………………………… 25
ブルデュー, P …………………… 23, 137
フロリダ, R …………………………6, 20
ホール, P ………………………………… 6
マークセン, A ………………………6, 12
マーシャル, A ……………………20, 118
ラスキン, J ……………………… 22, 138
ランドリー, C ……………………… 6, 31

142

編著者　山崎　茂雄（やまさき・しげお）
福井県立大学経済学部教授。専門は文化観光論、文化経済学、公共政策。京都大学経済学部卒業。同大学院修了。論文に「持続可能な観光への転換に向けて─観光政策にいま何が求められているか─」（福井県立大学論集第33号所収、2009年）、「観光政策としての文化合宿」（福井県立大学経済経営論集第27号所収、2012年）、著書に、『文化による都市再生学』（アスカ文化出版、2009年）、『知的財産とコンテンツ産業政策』（水曜社、2008年）など。

町屋・古民家再生の経済学
──なぜこの土地に多くの人々が訪ねてくるのか

発行日	2016年3月30日　初版第一刷発行
編著者	山崎　茂雄
発行人	仙道　弘生
発行所	株式会社 水曜社
	〒160-0022 東京都新宿区新宿1-14-12
	TEL03-3351-8768　FAX03-5362-7279
	URL www.bookdom.net/suiyosha/
装　幀	井川　祥子
印　刷	日本ハイコム 株式会社

©YAMASAKI Shigeo　2016, Printed in Japan
ISBN 978-4-88065-379-2 C0036

本書の無断複製（コピー）は、著作権法上の例外を除き著作権侵害となります。
定価はカバーに表示してあります。落丁・乱丁本はお取り替えいたします。

文化とまちづくり叢書　地域社会の明日を描く──

アートの力と地域イノベーション
芸術系大学と市民の創造的協働
本田洋一 著
2,500 円

地域社会の未来をひらく
遠野・京都二都をつなぐ物語
遠野みらいづくりカレッジ 編著
2,500 円

文化と固有価値のまちづくり
人間復興と地域再生のために
池上惇 著
2,800 円

トリエンナーレはなにをめざすのか
都市型芸術祭の意義と展望
吉田隆之 著
2,800 円

日本の文化施設を歩く
官民協働のまちづくり
松本茂章 著
3,200 円

パブリックアートの展開と到達点
アートの公共性・地域文化の再生・芸術文化の未来
松尾豊 著
藤嶋俊會・伊藤裕夫 附論
3,000 円

地域創生の産業システム
もの・ひと・まちづくりの技と文化
十名直喜 編著
2,500 円

創造の場から創造のまちへ
クリエイティブシティのクオリア
萩原雅也 著
2,700 円

災害資本主義と「復興災害」
人間復興と地域生活再生のために
池田清 著
2,700 円

文化財の価値を評価する
景観・観光・まちづくり
垣内恵美子 編著
岩本博幸・氏家清和・奥山忠裕・児玉剛史 著
2,800 円

官民協働の文化政策
人材・資金・場
松本茂章 著
2,800 円

公共文化施設の公共性
運営・連携・哲学
藤野一夫 編
3,200 円

医学を基礎とするまちづくり
Medicine-Based Town
細井裕司・後藤春彦 編著
2,700 円

全国の書店でお買い求めください。価格はすべて税別です。